図でわかる 教職スキルアップ ⑤

skill up

信頼でつながる
保護者対応

飯塚 峻・有村久春 編集

図書文化

まえがき

　近年，学校・教師に対して国民・保護者の風当たりは一段と厳しくなっている。

　その背景には，子どもによる問題行動の低年齢化や凶悪化の問題，いじめや不登校の問題，さらには学力低下の社会問題化や教師によるセクハラや酒気帯び運転などがある。

　これらすべてを学校教育の責任と押しつけることはできないが，少なくとも学校・教師が子どもの教育に直接かかわっていることを考えるとその責任の重大さを認識しなければならない。これらの問題は，どれ一つとっても一朝一夕に解決できるものではない。しかし，こんなときこそ，学校・教師は自校の抱える諸課題と真正面から対峙し，子どもがワクワクしながら学校生活を送るためには何ができるかを真摯に追究する必要がある。

　いま，学力低下が社会問題として浮上し，学力の向上が各学校の緊急の課題となっている。当然ながら学校・教師としてこのことについて本質的な方策を講じなければならない。具体的には教師自身が，教材についての知識や授業の際の熱意，授業における子どもとの良好な人間関係などについて，自己点検・自己評価し，基本的な指導力を高めることが大事である。それはとりもなおさず，「教師自身がいかに自己練磨」に励むかである。そして，専門職の教師としては，小手先だけの安易な指導に終始するのではなく，教育の本道を歩むことが大切である。

　こうした学校教育が直面する緊急の課題解決にあたって意外と欠落しているのが子どもや保護者に対する教師の対応の不適切さである。もう少し的確な対応をしておれば子どもは立ち直ることができたのに，保護者との関係がこんなにも悪化しなかったのにと反省させられることはあまりにも多い。

だからこそ教師は，いついかなるときでも目の前の子どもや保護者に対して最適・最高の接し方をしなければならない。それはご機嫌を取ったり，リップサービスをすることではなく，人間としての本質を踏まえたものでなければならない。そのためには，教師が子どもや保護者の要望にどれだけ多くの汗を流すことができるかである。汗を流さないで山を登ることができないのと同じように，教育の成果を上げることはできない。この努力こそ学校・教師に対する信頼を勝ち得るいちばんの近道なのである。

　本書は，経験豊かな先生方が，ご自分の経験や実践を踏まえて保護者との協力関係の築き方や接し方を具体的に示したものである。本書が初心者の先生方の指針となり，また，中堅の先生方にとっても日常の実践を振り返る反省材料となれば，これにすぐる喜びはない。

　結びに，多忙の中執筆のご協力をいただいた先生方に御礼申し上げる。

2006年9月

編者　飯塚　峻

図でわかる教職スキルアップ 5
信頼でつながる保護者対応 目次

第Ⅰ部 基礎編 ——日常的なかかわり方と留意点

第1章 保護者対応とは
1 保護者対応の基本的な考え方 ——— 10
2 保護者対応の重要性 ——— 12
3 対応の原則と留意点 ——— 14
4 校内で連携を強化して対応する ——— 16
5 保護者との1年間のかかわり方 ——— 18

第2章 基本の保護者対応
〈日常の連絡方法〉
1 連絡帳 ——— 22
2 電話 ——— 24
3 手紙 ——— 26
4 メール ——— 28
5 学級通信 ——— 30
6 通知表 ——— 32

〈保護者と話す機会には〉
7 個人面談 ——— 34
8 家庭訪問 ——— 36
9 授業参観 ——— 38
10 学級懇談会・保護者会 ——— 40
11 PTAとのかかわり ——— 42
12 年間の諸行事 ——— 44

第3章 保護者への情報開示とリレーションづくり

〈全体に告知するもの〉
1 保健だよりなど季節の健康指導 ―――― 48
2 インフルエンザによる学級閉鎖など ―――― 50
3 授業の進度 ―――― 52
4 進路情報 ―――― 54

〈家庭に協力を求めるもの〉
5 学習習慣の形成 ―――― 56
6 基本的生活習慣の形成 ―――― 58
7 給食指導に関する家庭へのお願い ―――― 60

〈個別の連絡体制をとるもの〉
8 配慮が必要な子（ハンディキャップ） ―――― 62
9 配慮が必要な子（持病，摂食障害，骨折等） ―――― 64

〈家庭・地域とのリレーションづくり〉
10 登下校の安全，交通安全 ―――― 66
11 緊急時（災害）のマニュアル ―――― 68
12 地域の諸活動へのかかわり ―――― 70
13 地域の人材活用（ゲストティーチャー） ―――― 72

第Ⅱ部　応用編 ―― 対応に困る場面でどう動くか

第4章 気になる保護者への働きかけ

〈子どもの状況・子育てにかかわるもの〉
1 虐待の疑いがある ―――― 76
2 過保護である ―――― 78
3 放任しすぎている ―――― 80
4 子育て・しつけに不安を感じている ―――― 82
5 不登校の子どもがいる ―――― 84
6 非行（反社会傾向）の子どもがいる ―――― 86

〈家庭の状況にかかわるもの〉
7 給食費などを滞納している ―――― 88

8　生活保護を受けている ──────── 90
　　9　家庭がうまくいっていない ──────── 92
　　10　単親（母子・父子）家庭 ──────── 94
　　11　家庭内暴力がある ──────── 96
　〈保護者の状況にかかわるもの〉
　　12　保護者に精神的な不安がみられる ──────── 98
　　13　保護者に身体障害がある・入院している ──────── 100
　　14　宗教上の理由で行事に参加させない ──────── 102
　　15　在日外国人の保護者 ──────── 104

第5章　保護者からの訴えへの対応

　〈学校・学級内の人間関係をめぐって〉
　　1　いじめられた ──────── 108
　　2　不登校になった ──────── 112
　　3　けんかをした ──────── 116
　　4　けがをさせられた ──────── 118
　　5　あの子と同じクラスにしないで ──────── 120
　　6　あの親は非常識で困る ──────── 122
　〈学校・教師の指導に対して〉
　　7　学習指導・宿題の出し方に異議がある ──────── 124
　　8　成績評定に納得できない ──────── 128
　　9　学級経営に不満がある ──────── 132
　　10　部活動について要望がある ──────── 136
　　11　生徒指導に納得できない ──────── 138
　　12　校則に納得できない ──────── 140
　　13　教師を軽視する・否定する ──────── 142
　　14　担任を代えてほしい・指定したい ──────── 144
　　15　学校を信頼できない・不信を抱いている ──────── 146

第6章 緊急時・危機対応時の保護者対応
1 子どもが家出した ──────────── 150
2 登下校中・学校内で事故にあった ──── 152
3 学校周辺に不審者が出没している ──── 154
4 警察に補導された ────────── 156
5 災害（地震など）が起きた ─────── 158

第7章 特別支援教育にかかわる保護者対応
1 専門医の受診をすすめたい ─────── 162
2 保護者が子どもの障害を受け入れていない ── 164
3 保護者に「軽度発達障害がある」と言われた ── 166
4 保護者から診断の相談を受けた ───── 168
5 ほかの保護者から苦情が出た ────── 170

第8章 外部機関との連携・リソースの活用
1 教育委員会 ─────────── 174
2 スクールカウンセラー ─────── 176
3 サポートセンター・民間サポート校 ── 178
4 地域社会 ──────────── 180
5 同窓会，父母の会など ─────── 182

資料 手紙文例 ────────── 46
用語解説 行政関係 ───────── 74
不登校など学校関係 ─── 148
特別支援教育 ────── 172

第1章

保護者対応とは

1　保護者対応の基本的な考え方
2　保護者対応の重要性
3　対応の原則と留意点
4　校内で連携を強化して対応する
5　保護者との1年間のかかわり方

1 保護者対応の基本的な考え方

いま，国民がすべての教師に，保護者への最適・最高の対応を熱望している。保護者対応の基本は，教師と保護者が良好な協力関係を築き，信頼関係を深めることである。

保護者と共に子どもを育てることを意識する

● 保護者は，子どもをよりよく育てるためのよきパートナーである

　いま，各学校が抱えている学力低下，不登校，問題行動等の課題を解決し，子どもたちを健全に育成するためには，学校・家庭・地域が一丸となって，それぞれの役割と責任を果たさなければならない。そのためには，保護者・地域との間によきパートナー関係を築き上げる必要がある。

● 保護者との対応・連絡は，子どもについて教師と保護者との共通理解を図る場である

　学校がどのような子どもを育てようとしているのか，各教師がどのような姿勢で子どもや保護者に臨もうとしているのかがわかるのが，対応であり連絡である。つまり，学校の教育目標達成のための対応・連絡，情報の提供であり，教育という御輿を担ぐ「相棒」への協力依頼である。それは，ときとして子どもの問題行動を未然に防止し，問題解決の糸口を見つける重要な役割を果たすことになる。

● 各教師が保護者と対応することは，教師個人でなく，学校の代表者としてかかわることである

　学級担任・教師個人が保護者と接触や連絡をとることは，単に一担任・教師個人が接触するのではなく，学校全体・学校の代表者としてかかわる責任を負っている。したがって，この対応のよしあしは，学年経営，学校経営のあり方，ひいては学校評価にもつながっているという意識が重要なカギである。

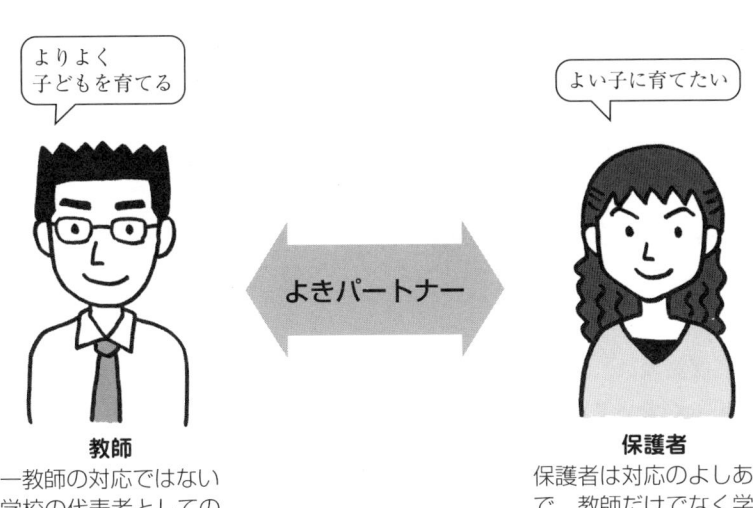

保護者との信頼関係が，よりよい指導につながる

●**学校・教師と保護者との信頼関係の確立は，相互の理解を深めるための努力から始まる**

ともすると，学校からの一方的な指摘やお願いが多いこれまでの接し方や情報の伝達から脱却し，双方向の交流・コミュニケーションを図る方向への改善が緊急の課題である。

学校と家庭の連携は，情報の交流を通して始まり，それがやがて信頼に基づく緊密な連携へと発展する。これが教育の充実発展への基盤となる。

●**保護者の意見や注文を積極的に吸い上げ，子どもの指導に生かしていく**

保護者の中には，教師以上に教育について熱心に研究している人が少なくない。これらの人は，学校教育に疑問や注文をどんどん出してくる。そんな中には，自分勝手と思えるような要求もある。しかし，教師はこれらの疑問や注文を無視せず，素直に受け入れる広い度量の持ち主であってほしい。

❷ 保護者対応の重要性

> 保護者の価値観は多様化の一途をたどっている。学校に対する注文も千差万別である。対応も多岐になるが，教育の本質を踏まえることが基本姿勢である。

- **いま保護者は，学校・教師に対して，子どものために多くの汗を流すことを強く求めている**

  多くの国民は，教育荒廃といわれる「いじめ・不登校・非行」などをなくし，子どもたちに「確かな学力」を身につけるために，各教師に一段の努力を求めている。教師は，汗を流さず山を登ることはできず，ぬれずに川を渡ることはできないことを肝に銘じておくことが大切である。

- **価値観の多様化が進み，教育に熱心な保護者や自己中心的な保護者が増え，学校に対し疑問や注文を多く要求するようになってきた**

  社会の変化に伴って価値観の多様化が進み，自己中心的にものごとを考える保護者が増え，何事も自分の子どもを基準にして判断するようになってきた。また，教育熱心な保護者も増え，自分の子どもにプラスになるもの以外はすべて否定する傾向が強く，学校に対しても無理難題を押しつける事例が多くなっている。こうした保護者に対しては小手先だけの対応では，納得してもらうのは困難になっている。教師は，これらの保護者は教育に人一倍熱心な人たちなのだと冷静に受けとめ，自分の指導法を見直す一助とする，こうした誠意ある対応が求められる。

- **学校と保護者が協働して子どもを育てる時代が到来した**

  社会の劇的な変化に伴って学校と保護者（家庭・地域）が「協働して子どもを育てる」という「共通の土俵」をつくり上げることが，何にも増してまず重要である。そうしなければ子どもたちを人間的に成長させるのは不可能な時代になっている。

第1章　保護者対応とは

```
      保護者からの ○── それだけ教育熱心なのである
      要求・訴え
            ○── 注文には無理難題もあるが、誠意を
                もって対応する以外に方法はない

      学校と保護者が協働して
      子どもを育てる時代がきた
                              ● 学年末の保護者会で
                                数字で具体的に示す
   うちの子にどれだけ              標準化された学力検
   学力がついたか説明              査を活用する
   してほしい
```

● **学校の説明責任（アカウンタビリティ）が広く求められるようになった**

　説明責任とは，教育課程の編成・実施の状況，子どもたちの学習の様子などについて，地域社会の人にわかりやすく説明したり理解してもらったりすることである。特に最近は，「この１年間でうちの子どもに『どんな学力』が身についたか具体的に説明してほしい」という要求が保護者の間に広まりつつある。

● **学校の諸課題を解決するためには，保護者や地域の人々の全面的な協力が不可欠である**

　学校が抱えている学力低下，問題行動などの課題は学校だけで解決できない状況になっている。子どもたちを健全に育てるためには，学校・家庭・地域の三者が一丸となってそれぞれの役割と責任を明確にし，相互に密接な連携を図りつつ，「学校・家庭・地域のすべてがよりよく子どもを育てる場」であるという共通認識をもつことが強く求められる。

参考文献　応用教育研究所・辰野千壽・北尾倫彦『教研式標準学力検査CRT』図書文化

3 対応の原則と留意点

トラブルを介して教師に恐怖感や屈辱感を与える保護者もいる。あくまでも教師は冷静沈着，誠意をもって，相手の気持ちに共感しながら対応する。

- **わが子がいちばんかわいいと思う親心を理解する**
  子どもへの期待感が生きがいとなっている親の心情を理解し，「心からお子さんの将来を考えておられますね」などと，常に保護者の立場に細心の配慮をして対応することが大切である。
- **その子の長所や持ち味を強調しながら対応する**
  保護者は自分の子どもをほめてもらえばうれしいし，ほめてくれた人に親しみをもつ。逆に，欠点ばかりを指摘されれば反発の心が生まれる。教師はその子にしかない長所や持ち味を強調しながら話し合い，保護者の心をつかむことが大切である。
- **常に"謙虚"な姿勢を忘れない**
  教師は，子どもが何か問題を起こすと，その原因を家庭や子ども自身に求めがちになる。人を責める前に，自分の指導に問題がなかったか，まず謙虚に反省する。常にこの謙虚さを忘れないことが信頼を得るカギとなる。
- **保護者と教師の"共育"によって子どもは成長する**
  子どもの成長や学力の向上は，保護者と教師の共通の願いであり，その達成には両者の協働が不可欠となる。共通の目標に向かって共に協力し合っていくという強い意識を育てることが何よりも大事なことである。
- **親子の悩みに心から共感する**
  多くの保護者は，多かれ少なかれ悩みを抱えている。わらをもつかむ気持ちで教師を頼ってくる。教師は，親子の悩みに耳を傾け，親身にかつ真剣に対応し，どんな協力も惜しまない姿勢を示すことが大切である。

- ●保護者の教育に対する考え方や感じ方を理解する

　教師は，保護者がどのような考えで子どもの教育に対処し，教師に何を求めているかを常に理解しておく必要がある。

- ●留意点

①親しみとなれ合いの区別…子どもをはさんで保護者と心を通わせ，親近感を増していくが，節度を忘れたなれ合いになってはならない。

②協力と迎合の明確な区別…教師はあくまでも教育者としての信念に基づき，保護者の協力を得て，目標達成をめざし努力する。迎合は厳禁。

③人間尊重の精神を忘れない…何気なく口にした言葉が保護者や子どもの心にグサリとつきささる場合がある。いついかなる場合でも差別的な態度をとらず，常に公平な立場で行動するよう細心の注意を払う。

④秘密を守る義務…担任は，子どもや保護者のプライバシーに関する情報を多くもっている。これらは職務上知りえた秘密でほかにもらしてはならないし，その職を退いた後も同様である（地方公務員法34条）。

4 校内で連携を強化して対応する

最近,学校・教師に対する理不尽な訴えが増え,担任一人では対応できない場合も多い。そこで校内の連携を強化し,学校一丸で対応する体制を整えておく。

校内の連携強化を図る

● 管理下におけるけがなどの対応は,学校が一丸となって行う

　学校における教育活動中の事故は,本来「不可測」なものである。けがの程度にもよるが,けがをした子どもへの適切な処置を最優先に行うとともに,その保護者への連絡・報告,説明を迅速に行う。保護者によっては法外な慰謝料を請求するケースもあるので,最高責任者である校長が先頭に立って対応する組織を明確にしておくことが大切である。

● 問題傾向のある子どもの保護者との対応には,学年主任の同席を

　こうした保護者の多くは,自分の子どもだけが悪いのではない,うちの子どもは被害者にされていると思っている。この場合には,学年主任や生徒指導主任にも同席してもらい,その子の将来に向けて具体的な解決策を探ったり,指導の手段を示すことが必要である。

● 校長や教頭の指導・助言を得て学校としての一貫性のある指導を行う

　最近,評価の根拠について「教師によって評価の観点や要素の換算について説明内容が違う」と不信を抱く保護者も多い。これでは保護者からの学校への信頼は得られない。そこでときには,校長や教頭の同席を得ていねいに説明し,学校としての誠意を示すことが大切である。

● 養護教諭や専科教諭との連携を一段と密にする

　子どもたちは気楽に保健室を利用し,養護教諭と親しく話をする。そこでは担任の前とは違った一面を現す。養護教諭は担任の知らない情報を多くもっている。また,専科の授業で普段の授業とは異なる態度をとる子ど

第1章 保護者対応とは

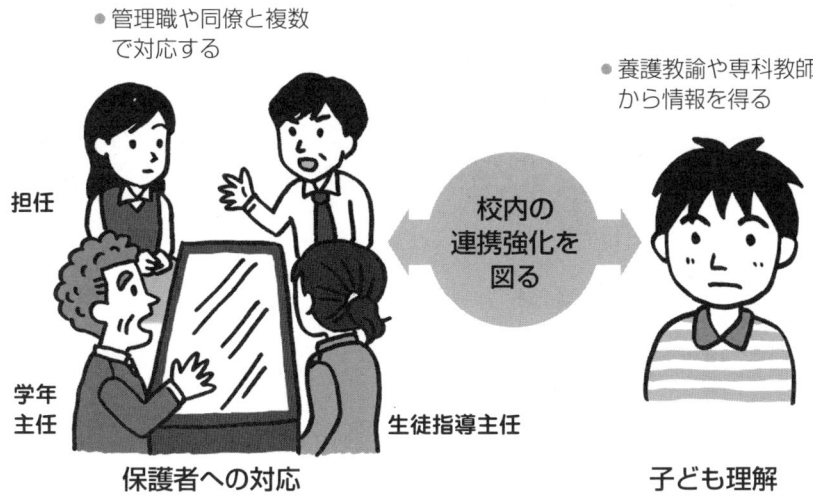

もも多い。これらの情報を有効に活用して保護者と対応するためにも担任は日ごろから広くアンテナを張っておく必要がある。

連携強化を図るときの留意点

● 学校の一員として指導方針をよく理解し独走しない

　指導には，常に一貫性が必要である。一人一人の教師は，このことをよく理解し学年・学校としての立場を忘れないで指導にあたる。

● 保護者の話のよき聴き手に徹する

　教師は，説明しようとして自分ばかり話してしまう傾向がある。保護者，特に問題傾向のある子どもや理不尽な注文を突きつける保護者には，常に受容的に受けとめ，聴き上手の教師に徹することが何よりも重要である。

● 評価・評定は，学校への信頼にかかわる重大な問題である

　評価・評定について，いついかなるときでも，子どもや保護者に対し，資料に基づき具体的に説明できることが，専門職としての教師の責務である。

5 保護者との1年間のかかわり方

保護者会や面談では，保護者の期待や問題意識を察知し万全の準備を整えて臨む。教えるという姿勢でなく話し合う姿勢，保護者の意見や悩みをくみ取る姿勢を忘れない。

1学期

●最初の保護者会

学級担任としての抱負と学級経営方針を説明し，全面的な協力をお願いする。この際，素直で協力的な子どもが多いなどのよい点を強調することが好感をもたれることになる。

●学級通信の発行

行事連絡などとともに，学級の様子や担任の考えを伝え，学級の一体感を高める一助とする。

●家庭訪問

周到な連絡で理解と協力を得ることが大切である。家庭の様子，保護者の願いを知り，理解と指導に生かす。プライバシーに十分配慮する。

●学期末の保護者会・個人面談・通知表

1学期を担任してよくなった点と不十分な点を素直に説明し，夏休み中によい点をさらに伸ばし，不十分な点を改めるよう依頼する。個人面談では長所をほめて保護者に自信をもってもらう。通知表は，保護者にていねいに説明し，教科の成績だけでなく，行動の記録や所見も大切であることを強調する。

最初の保護者会

家庭訪問

2学期
●体育祭・文化祭・合唱コンクール
体育祭は，子どもたちが保護者も参加・見学して楽しめる行事にしようと努力したことを，保護者と共に評価する。文化祭は学校と家庭の一体感を示すよい機会である。保護者の絵画・書・工芸作品などを展示する特別室を設けたり，合唱コンクールに保護者有志の参加を募ったりする。

●進路指導・三者面談
必要な資料の作成等，周到な準備を整えて面談する。進路選択にかかわる悩み，心配，不安などについて共感的に理解し，進路決定は生徒が主体的に行い，担任は助言・援助する立場に徹する。

体育祭・文化祭

●2学期末の保護者会
2学期のまとめ，冬休みの過ごし方，中学3年には冬休み中に準備すること・進路目前の心構え・学習面同様に子どもの健康面の大切さを説明し，保護者の全面的な協力が必要なことを強調する。

進路指導・三者面談

3学期
●学年末の保護者会
年間のまとめと反省，今後の課題を簡潔に説明し，子どものよりよい成長を援助する姿勢を示す。

●新入生保護者会
新入生と保護者に入学する学校を知ってもらう。各家庭で十分準備を整えるようお願いする。

●卒業式
保護者と共に子どもの卒業を祝い，喜びをわかち合う。これまでの協力に対し心から感謝する。

学年末保護者会

第2章

基本の保護者対応

〈日常の連絡方法〉
- 1　連絡帳
- 2　電話
- 3　手紙
- 4　メール
- 5　学級通信
- 6　通知表

〈保護者と話す機会には〉
- 7　個人面談
- 8　家庭訪問
- 9　授業参観
- 10　学級懇談会・保護者会
- 11　PTAとのかかわり
- 12　年間の諸行事

〈日常の連絡方法〉

1 連絡帳

> 連絡帳は，単なる事務連絡だけでなく，日常的な子どもの様子を書いてやりとりする。保護者や子どもとの良好な人間関係を構築することに役立てる。

● 個々の子どもに応じた指導と相互連絡に生かす

　連絡帳は，きめ細かな指導を行うために，個々の子どもの状況に応じて活用する。教師と保護者との間で双方向の連絡ができるので，この相互連絡で得た情報を学級経営に生かして，親和感のある学級づくりをする。

● 保護者との信頼関係を築く使い方

●保護者から連絡を受けたら，的確に返事をする

　健康に関する内容は，保護者から書かれる連絡で最も多い。適切な健康観察をし，返事を書く。

(例)（保護者から）昨晩，熱があり，食欲もありませんでした。今朝は，熱もなく食事もとりましたので，登校させました。

　　（担任から）様子を聞きましたが，平気と言っていました。帰りは少し元気になりました。心配ですので，お家で様子を見てください。

●欠席・早退・遅刻のとき，保護者への補助的な連絡手段として使う

　欠席・遅刻等の連絡には，電話などで確認するほか，連絡帳でも保護者に確かめる。度重なるときは，直接連絡を取り，状況を把握する。また，急に早退などをさせる場合も，気になることや連絡事項を必ず書いておく。

(例)（遅刻の場合）本日20分ほど遅刻してきました。寝坊したと本人から報告がありました。

　　（早退の場合）風邪気味で，熱が出てきたようです。最近高熱の出る風邪が流行っていますので，お家でも様子を見てください。

日常の連絡に効果的に使用する

● 学校・家庭でのよい行動を取り上げ，子どもの意欲を高める

　子どものよい行動は，連絡帳を使って教師と保護者が相互にほめ合うと，子どもも書いた文章を見て，意欲を高めることができる。

使い方のポイント

● 連絡帳は補助的に使用し，活用方法について保護者の理解を得る

　緊急性や重要性の高い報告や謝罪（事故，けが等）は連絡帳ではすまさず，家庭訪問や電話で直接行う。

　連絡帳の使い方はプリントにし，学年初めの保護者会などで使い方と注意点（書いた文は子どもが読むことを意識する等）を説明し，理解を得る。

● 発達段階を考慮する

　低学年はささいなこと（掃除をよくしたこと，友達とのトラブルなど）でも子どもの様子を相互に伝え合い，高学年は気になることや悩み等の相談に活用するなど，発達段階によって使い方を分ける。

〈日常の連絡方法〉

2 電話

電話は，保護者と直接話ができ，意思の疎通が図りやすい。また，敏速に連絡，対応することができる。しかし，相手の顔が見えないために誤解が生じる場合もあるので注意する。

▶ 保護者からの電話連絡を受けたら，まず謝意を示す

●遅刻・早退・欠席の連絡には，感謝の意を示す

　子どもが遅刻・早退・欠席をする場合，保護者から電話連絡が入ることが多い。理由と，遅刻・早退なら時間を聞き取って，「お忙しいところご連絡をいただきまして，ありがとうございました」と謝意を示す。

●保護者からの電話には，受容的に対応する

　不満などの訴えには「学校の対応に問題点があるとお感じになったのですね」などと受容的に応じる。そして「その点はよく理解できます」「このように改善しますが，ご理解ください」など，ていねいに応じたい。話が複雑な場合はその場で返答せず，答えをまとめてからかけ直す。

▶ 保護者に電話するときは，誤解を招かないよう気をつける

　一般には「学校の電話は悪いことがあったとき」という社会通念がある。職場に連絡をするときは，教師だということがわからないよう，「Bと申しますが，Cさんはいらっしゃいますか」と，通常の電話のようにする。

　また，遅刻などの連絡がない場合，まずは電話で確認することが多い。「いかがですか？心配になったので電話しました」などと気になっていることを伝える。近年は，特に登下校の安全対策からも留意したい点である。

▶ 電話で話す内容は，肯定的な面を中心に簡潔にする

　電話では，お互いに信頼関係がないと，ちょっとしたことで誤解を生ん

だり，問題が発生した場合に感情的になったりして，問題の解決をいっそう遅らせる結果になることもあるので注意が必要である。

　保護者が，子どもの様子で安心することは，①子どもが喜んで登校している，②子どもが笑顔で帰宅してくる，③すすんで生き生きと家庭学習に取り組んでいる，④学校であったことや様子を喜んで話してくれる，⑤担任や友達のよいことを話してくれる，などである。電話では，子どものよさを認め，励まし，援助する方向で，ていねいにやさしく，要点を話す。

電話対応の留意点

- 電話に苦手意識があると不信を招く態度として表れる。安心感をもってもらえるよう，ひと呼吸して受話器を取る。
- 事実に即してていねいな言葉で話し，大事なことはメモに残す。
- 電話の内容が複雑な場合は，整理して校長や教頭（副校長）に相談する。
- 子どもを多面的に理解し，子どもの心を安定させる電話の内容にする。

〈日常の連絡方法〉

3 手紙

手紙は，ていねいな連絡方法であり，互いの気持ちを伝え合える。書いたものは残るので正確な情報や真意が伝わるよう留意し，誠意が伝わらない場合があることも理解する。

● 手紙を書くときは，担任の誠意を伝えるように心がける

子どもに何か問題となることが起きたときに，担任がどのような手段で保護者に伝えるかは，非常に重要な連携のポイントである。誠意のある対応ができるように心がけることが大切である。特に，手紙は，担任の教育観や子どもの学習の見とりなどをていねいに伝える手段となる。

そのために，事実を正確にていねいに，できるだけ早く知らせるように手紙を書くようにする。担任と保護者が共に子どものために最善の方法で考えていこうとする姿勢が感じられるような手紙を書くようにする。

● 手紙の内容に関する基本姿勢

●教師の願いを書く

子どもの健康や安全を願い，手紙ではあたたかい学級づくりを願う教師の思いが，保護者に伝わるよう「○○としていきたいと考えています」「具体的には○○の機会を設けたいと思っております」と自分の考えを積極的に開示する。また，冷たい印象を与えないよう，文章表現に注意する。

●人間関係を考慮した文面にする

文面に相手がいる場合には，一方の立場だけに肩入れした文面や他を批判するような表現はとらないようにする。

●担任としての今後の展望を書く

担任としての指導の方向を示し，「このように進めていきたいと思っております。○○のようにお考えなのであれば，一緒に考えていきたいと存

じますが，いかがでしょうか」など，保護者と共に協力し合うという視点で手紙を書くようにする。問題や状況によっては，手紙で知らせるのではなく，直接家庭に出向いたり来校してもらったりして話す。その際，一方に偏った言い方をしたり，感情的になったりしないように十分注意する。

文書としての手紙に関する留意点

●手紙は残るのでていねいに書く

　手紙は書いたものが残る。そのことを意識して内容や言葉も慎重に選ぶ必要がある。保護者からの連絡や質問に対する手紙の返事は適切であるか，文字はていねいか，文章は適切か，誤字脱字はないかなどに注意する。

●正確に状況を把握して書く

　共感的に受けとめ，状況を十分把握し，感情的にならず，事実を踏まえて，保護者にわかってもらえるような表現にする。手紙を出す前に，校長・副校長・学年主任などに内容を見てもらうとよい（手紙文例→P.46）。

〈日常の連絡方法〉

4 メール

> メールでの連絡は，速やかで便利だが，吟味する時間が短くなり，トラブルも多い。携帯電話による保護者とのメールのやりとりは，個人情報保護等にも関連して慎重に取り扱う。

● メールに適した内容かを吟味する
● 全体にいっせいに送信するメールは，保護者と話し合い，合意しておく

　不審者情報や，防災・災害情報など，緊急性があるが電話連絡では回しにくい情報を，メールで送信する。ただ，メールアドレスがなかったり，配信を希望しない人もいるので，緊急連絡のすべてをメールにするのではなく，どんな内容をメールで送信するかについては，学校の方針に合わせる。または，保護者会などで「不審者情報などをメールでお知らせしたいと思いますが，いかがでしょうか」などと合意を得るようにする。

● 相談などのメールを受け取ったら，直接会う機会を設ける

　手紙と似ているが，メールは手軽に送信できるため，読み直しなどの手間が省かれ，文面に配慮が欠けることがある。メールで相談などを受けた場合は「ご連絡ありがとうございます」とその場の反応を示すとともに，「後日一緒に話し合いましょう」などと，直接的な連絡方法を考えたい。

● 自治体のメールサービスを利用し，学校でも情報のメールを作る
● 自治体のサービスの利用を呼びかける

　防災無線と同様の内容を，電子メールで配信したり，携帯電話で見られるホームページを用意していたりする自治体もある。自治体のメールサービスの利用について，プリント等をつくり，保護者に周知する。

● 安心・安全情報を学校で作成して配信する

　防災無線で放送されない災害・防災等に関する情報や不審者等の子ども

第2章　基本の保護者対応

全員一斉に送るメールで情報を共有する

個人からのメールには，なるべく直接会って対応する

の安全に関する情報を保護者にも受信してもらい，注意をしてもらう。

安全・安心メールの送信文例
- **不審者情報に関すること**
- ・○月○日（火）15：20ごろ，2年女子が児童館前で，後ろから男に「一緒についておいで」と声をかけられる事件がありました。児童館では，館内および周辺を見回りましたが，該当者らしき男は見当たりませんでした。学校でも注意をしますが，ご家庭でも，不審者には絶対についていかないよう，十分注意するようお願いします。
- **防災・災害情報に関すること**
- ・○月○日（火）15：00，○○地域に光化学スモッグ注意報が発令されました。家の外での遊びには，十分注意するようお願いします。
- ・○月○日（月）14：55ごろ，○○1丁目○○で，火災が発生し，住宅1棟が焼失しました。付近の通行には十分注意するようお願いします。

〈日常の連絡方法〉

5 学級通信

学級通信は，子どもたちの様子や気持ちを素早く伝えられる。迅速な連携が教育効果を高める。問題が起きてからではなく，日ごろから連携しておくと，問題に共同して対応できる。

◗ 学級通信の作成

● **教育に対する考え方を伝える**

　わが子の担任が，どんな先生なのか，保護者は大変気になることである。年度初めの学級通信で，「担任のAです。学級の子どもたち一人一人を大切にし，認め励ます指導をしていきます」など，担任がどんな考えで教育にあたっているかを知らせることで，安心感をもってもらうようにする。

● **子どもの日々の様子を知らせる**

　学級通信での担任からのメッセージは，直接保護者の心に働きかける有効な手段である。随時学級通信を発行して日々の様子がわかるようにする。

◗ 学級通信の内容

　気取らず気安く，ほほえましく読める記事がよい。ときには，子どもの詩，作文，硬筆書写やノートコピーなどを紹介する。指導上，実務上の連絡も必要に応じて入れる。月に3，4回は出せるとよい。学年だよりとも関連させて簡略にし，学級での「子どもニュース」「連絡事項」ぐらいに内容を絞っていくとよい。誤字，脱字に注意する。割り付けもおよそのパターンを決めておくと継続的に発行できる。

◗ 学級通信の作成の留意点

● **子どもが見てもよい書き方をする**

　子どもが学級であったことを楽しく話したり，話さなくても生き生きと

教師の考え方や子どもの様子について，こまめに情報発信する

した表情で学校に通う様子を見せたりすれば信頼される。その裏づけとなるような学級通信の内容にしたい。そのために「合唱祭に向けて，放課後，学級みんなで歌や楽器の練習をしています」など，保護者にも子どもにもわかりやすい具体的な表現を使う。また「努めてやさしく，笑顔で子どもたちに接しています。子どもたちも私にいろいろな話をしてくれて，うれしくなります」と，教師の人柄を表す親しみのもてる内容にする。

● **情報発信するときの配慮事項**
・日ごろから，子どものプラス面に目を向けて，情報を集めるようにする。
・読み手のことを考え，「先日，学級で地域の清掃をしました。子どもたちの活動ぶりを，地域の方がほめてくれました。子どもたちは，地域の方とあいさつをよく交わしていました」など，子どももうれしい気持ちになれるような内容になるようにする。
・偏りのないよう，どの子どものことも等しく書くようにする。子どもの名前を出す場合は，Bさん，C君のようにする。

〈日常の連絡方法〉

6 通知表

通知表の記載内容は，子どもや保護者にとって，最も関心が高いものである。保護者と連携して子どもを伸ばしたいという教師の姿勢を明確に示すことが重要である。

▶ 通知表の目的は，家庭と連携して子どもを伸ばすこと

通知表は，学校生活における子どもの性格や行動の特徴を知らせ，学校と家庭とが協力してその子の長所を伸ばし，短所を改善する目的がある。保護者がわが子の理解の様子や進歩の状況を把握し，よさや可能性を伸ばすには，どこをどう伸ばせばよいかがわかるよう，具体的に作成する。

▶ 意欲を高める記述をし，保護者と共に子どもの成長につなげる

●個々の子どもの状況を具体的に記述し，意欲を高める

子ども一人一人の学習状況や行動を多面的に観察し，子どもの努力したこと，進歩した状況，顕著なことなどを取り上げ，「今学期は作文を上手に書きました。自分の思いを表現できるようになりました」など，具体的に記述する。努力の様子を取り上げて積極的に評価されることは，子どもにとっても大きな励みになり，次の意欲へとつながる。

●成果や課題を子どもにもわかるようにする

「授業に集中して取り組んでいます。学んでわかったことをすすんで発表するように心がけましょう」など，どこが優れ，どこに課題があるか子どもにもわかるよう的確に知らせ，望ましい成長を促す方策を記述する。

●通知表の見方についてのお知らせをする

通知表というと，成績の上下だけに注目が集まるが，それだけではなく，子どもを伸ばすためにぜひ保護者と連携する必要がある。通知表の見方については，学年だよりや保護者会などで説明する。通知表を渡すときに，

第2章 基本の保護者対応

子どもの意欲を高めるような記述にする

一緒に通知表の見方のプリントを添えると保護者は喜ぶ。子どもへの適切な対応の仕方など，保護者としての心構えもできる。

所見欄を書くときの留意点

● マイナス評価だけの所見にせず，長所をほめる

「○○ができません」など，マイナス評価ばかりだと，意欲を失ってしまう。「○○ができます。△△もできるようになるとよいです」など，長所をほめたうえで，課題となる部分を書くようにする。

● 抽象的な書き方は避け，具体的に書く

「よく努力しました」など抽象的な言い方では，ほめられてもうれしくない。「水泳を特にがんばっていました」など具体的な書き方をする。

● 記入後は必ず点検する

記載に誤字や脱字があっては，教師と子ども・保護者の信頼関係は築けない。校長，副校長，学年主任の先生に必ず点検してもらう。

〈保護者と話す機会には〉

7 個人面談

個人面談は，保護者と教師が情報を共有し，課題解決を図る機会である。保護者が肯定的に課題を受けとめ，前向きに取り組めるよう，話しやすい雰囲気をつくり，よく話を聞く。

個人面談とは
- **個別の課題を伝え，保護者と共に考える**

　個人面談は，子どもの状況や課題を保護者と共に考え，家庭と学校の協力体制をつくり上げるよい機会である。全員に個別に話をすることができるので，この機会に個別情報とともに，学校としての方針を伝える。
- **保護者の考えを直接聞き，信頼を得る**

　学校に自分の考えや地域の情報を伝えるのはむずかしいものである。保護者は子育てで悩んでいる場合もある。思いを積極的に聞き，信頼を得る。

個人面談の持ち方
- **話しやすい雰囲気をつくる**

　保護者が教師を信頼し，話すことができるようあたたかな雰囲気づくりをする。本当の思いを話すことができる場の設定が大切である。笑顔で対応し，机の位置は窓に向けて，ななめ向かいになるように並べると，気持ちがリラックスして話しやすくなる。教室環境も，事前に清掃し，掲示物等を整えておくなど，清潔で居心地のよい雰囲気をつくる。
- **子どもの状況や課題ついての情報交換から解決策へつなげる**

　学校と家庭の様子を提供し合うだけでなく，「学校ではよく話をしますが，ご家庭ではいかがでしょうか」「積極的に取り組む姿勢はとてもよいのですが，忘れ物が気になります」など，課題の背景を探り，解決策を考えるきっかけとする。そのためのアドバイスや意見交換が重要となる。

個人面談での留意点

● **教師は一方的に話さない（聞き上手の教師になる）**

　日ごろは，保護者に子ども一人一人の状況や課題を伝えようと，一方的に教師が話すことが多い。個人的な課題であり，双方の協力が必要であるからこそ，保護者の考えや意向を十分に聴く姿勢をもつ必要がある。

● **人権への配慮や個人情報保護に努める**

　個人面談で得た情報の秘密保持はもとより，ほかの子どもや家庭の情報を安易にもらすことのないように注意する。情報は教師が気づかないうちに広がるものである。個別の場であることに気を許してはならない。

● **必要に応じてさらなる面談や相談につなげる**

　その場で依頼される課題や，担任だけではむずかしい問題もある。必要に応じて再度面談をしたり，スクールカウンセラーや関係機関と連携し，管理職へ相談・報告したりするなど，一人で抱え込まず解決の方策を広い視野で考える。

〈保護者と話す機会には〉
8 家庭訪問

家庭訪問は，子どもたちが日常生活している環境を知り，指導に生かす貴重な場面である。予定時刻を守って訪問し，地域や家庭の様子を実際に見たり話したりして確かめ，指導に生かす。

家庭訪問の意義
- **子どもの家庭環境や地域の生活状況を知り指導に生かす**

家庭訪問では，子どもが生活している家庭の雰囲気や様子を教師が直接把握できる。情報を確認し，個人に合った指導の工夫・改善につなげる。
- **教師と保護者の信頼を高める**

保護者と直接会う場合，保護者が学校に出向くことが多い。教師が訪問し，子どもについてていねいに話を聞くことで保護者の信頼を高めたい。

家庭訪問の仕方
- **家庭や地域の雰囲気を感じ取る**

実際に家庭を訪問すると，その雰囲気がわかる。また，そこでの話からは，生活に裏づけられた実態をつかめる。常に指導にどう生かすかを考える。機会があれば，同居している祖父母などと話をすることもできる。
- **子どもの行動範囲や通学路を確認する**

子どもがどのような場所で遊び，生活しているかを知る。通学路も確認し，危険箇所や学校までの時間等を把握し，指導や子ども理解につなげる。また，移動中に会った地域の方とのあいさつや会話も大切である。

家庭訪問の留意点
- **家庭へ失礼のないようにする**

家庭には保護者だけでなく，家族や兄弟もいる。教師として，社会人と

しての常識に合った服装や言動に留意する。地域も教師を見ていることを忘れてはならない。また、教師から家の中や子どもの部屋を見たいなどの要求はしない。プライバシーの侵害にならないようにする。

● **予定時刻を守る**

多くの家庭ではていねいに教師を迎え入れるため、つい話が長くなりがちである。家庭によって極端に滞在時間が違うことが差別感につながることもある。予定時間が近づいたら、「今日は貴重なお話をうかがってありがとうございます。ところで申し訳ありませんが、次の時間が迫っておりますので…」と切り上げ、予定時間は極力守るようにする。必要に応じてほかの日に面接することも考慮する。

● **その場でメモはとらない**

教師が家庭を訪問することは保護者にとって大変緊張するものである。目の前でメモされると、ほめられていても落ち着かなくなる。話を聞くことを中心にし、必要なことはあとでメモするなど配慮が必要である。

〈保護者と話す機会には〉

❾ 授業参観

授業参観は、保護者が直接子どもの学習の様子を見て、実態を把握する機会である。理解と協力を得るため、資料や計画など確実に準備し、保護者にわかりやすい授業になるよう配慮する。

▶ 子どもの学習の様子を伝え、授業への理解と協力を得る

保護者が子どもの学習状況を把握し、授業の大切さを実感してもらう機会である。子どものよい面を保護者が認められることが大切である。教師がどのような授業をして、学習内容や方法はどうかなど、保護者が直接見る機会であり、学校の信頼にもつながる重要な行事である。

▶ 保護者に配慮した準備をしておく

● 保護者にわかるよう資料を事前に用意し、授業を行う

参観する保護者は、これまでの授業の流れやねらいがわかりにくい。指導案や教材プリント等、必要な補助資料等を事前に用意する。

● 子どものよさがわかるように工夫する

保護者は自分の子どもが授業でどういう動き、反応をするかを一番心配している。一人一人に目を向けた多様な授業展開となるように工夫する。

● アンケートを用意する

保護者が授業についての感想や意見を書くことができるようにし、自らの授業改善に生かすようにする。

▶ 授業参観の留意点

● 授業を見ていただくという姿勢をもつ

授業を公開する以上、保護者への配慮も必要である。1時間中聞いていたり、作文などを書いていたりするなど活動の少ない授業展開は避ける。

● **板書計画をしっかり立てる**

　日常の授業でも当然だが、保護者にもわかる板書が必要である。途中から参観する保護者もいる。いましていることは何か、ねらいは何かなど授業の基本はしっかりと示す。乱雑な文字、誤字脱字には注意する。

● **授業規律，教室環境を整備する**

　掲示物がきちんとしているか、子どもの作品が全員分あるか、配布物や黒板の文字等、人権に配慮した環境となっているか、殺風景な教室でないか、教師の服装はふさわしいものかなど、学習環境を事前にチェックする。

● **授業を妨害してしまう保護者に対しては，毅然とした態度で臨む**

　近年、ビデオ撮影に夢中になるあまり教室を歩き回ったり、顔見知り同士で大声でおしゃべりしたりする保護者がいる。これらは、子どもの気が散る原因でもあり、授業進行を妨げかねない。このような保護者に対しては「授業は子どもたちにとって大事な学習の場です。どうぞお静かにお願いします」と、子どもたちの学習権を守るために毅然とした態度で臨む。

〈保護者と話す機会には〉

10 学級懇談会・保護者会

学級懇談会や保護者会は，保護者との連携協力を図るうえで重要な機会である。保護者の理解を得て協力体制をつくるために，双方向の意見交換に努める。

学級懇談会・保護者会の意義

● 学校や学級の状況を伝え，学校や学級への理解を深める

学級懇談会，保護者会は，学校，学年，学級の方針・取組みや子どもたちの状況を全体に伝え，共通理解を図る場である。

● 学校や学級の課題を共に考える

学校や担任の考えを伝え保護者の意見をもらうことで，お互いの考えを深め，課題を共有し解決策を出し合うなど学校教育への参画の機会になる。

学級懇談会・保護者会のもち方

● 教師が会の目的や内容を十分理解しておく

何のために何をする会であるか，ポイントは何かなど運営にあたる教師が内容や方法，保護者への期待等を事前に共通理解しておくことで，メリハリのある会の運営ができる。

● 明確に取り組みや情報を伝える

年間の限られた機会であるため，多くの情報を一度に伝えることになる。内容を分類した概要資料を準備し，報告事項，依頼事項，課題等をわかりやすく説明し，保護者があとから内容を確認できるようにすることが大切である。

● 意見を出し合うことができるようにする

当日意見が十分に出ないこともある。少数意見も尊重するとともに，後日においても意見をいうことができるよう，メールアドレスや手紙等の送

● 全体　　　意見が出し合えるよう運営方法を工夫する　　　● グループ

り先，担当窓口になる教師等を明らかにしておく。

学級懇談会・保護者会での留意点

● **参加者を増やす努力をする**

多くの保護者が参加することで，意義ある会が実施できる。地域の実態を踏まえ，事前に内容を知らせたり，時間帯を工夫したりするなど，参加者を増やす配慮が必要である。

● **学級懇談会ではお互いの名前がわかるようにする**

保護者がお互いに知り合うことは，地域において子どもたちを育てるためにも大切なことである。この機会にお互いの名前を知ることができるよう名札を用意したい。

● **参加できなかった保護者へも内容を知らせる**

当日，参加できなかった保護者にも当日の内容を資料とともに知らせ，情報を提供する。このことがのちの参加者増加にもつながる。

〈保護者と話す機会には〉
11 PTAとのかかわり

> PTAは，学校教育において，保護者と教師が協力し，子どもの健全な育成を図る活動である。PTAの信頼と協力を得るためには，常に感謝の気持ちをもち，積極的にかかわることである。

家庭や地域での教育の充実，学校と保護者の協力を図る組織

　PTAは保護者であると同時に地域の方であり，家庭と共に地域への窓口となる。家庭や保護者へ情報を発信するとともに，家庭や地域の声を学校に伝える役割を果たす。PTAでは健全育成活動，広報活動，PTA連合会としての活動など学校教育ではできない幅広い活動を行い，学校での教育を補完する形で子どもたちの健全な育成に努めている。

PTA活動とのかかわり方
●PTA活動を理解し，教師も活動に参画する
　教頭（副校長）・学年主任・学年PTA委員等からPTA年間活動計画を入手したり，PTA広報誌・総会資料等を見たりして，年間を通してどのように活動しているかを理解する。地域の見回りや体験活動等，参加できる活動に加わり，積極的にかかわる態度が大切である。活動への参加は，教頭（副校長）を通して調整するとよい。PTA主催の活動はもとより，年間を通した役員会等の活動に参加することが信頼を高めることにつながる。
●情報を積極的に伝える
　PTAは学校・学級を支える力となる。学級の課題等を保護者・PTA委員等に伝えて意見をもらい，学級通信等で結果を報告するなど，双方向の情報提供に努める。感謝の心ときめ細かな対応が信頼を生む。
●PTAの人材を活用する
　PTAの方々の中にはパソコンの操作や農業，伝統工芸など専門的な知

授業への参加

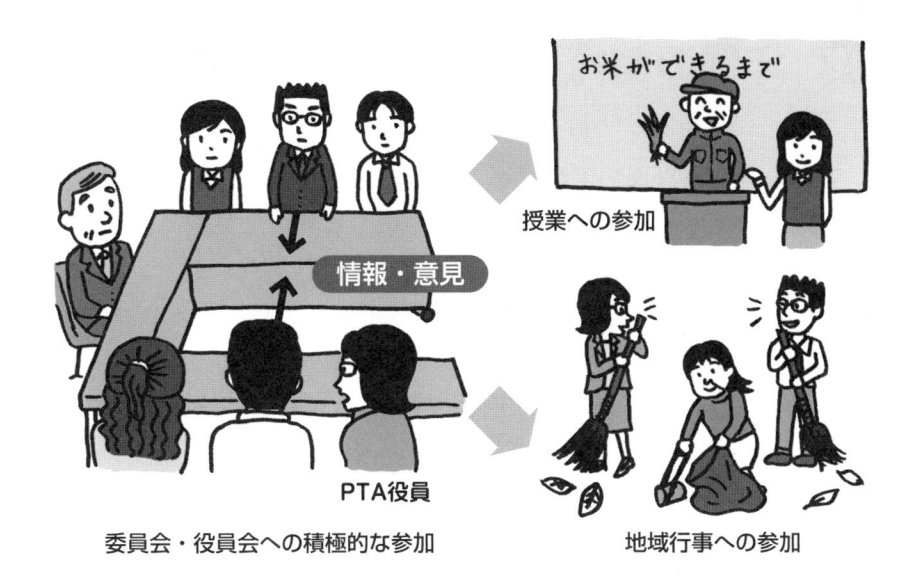

情報・意見

PTA役員

委員会・役員会への積極的な参加　　　地域行事への参加

識や経験をもっている人がいる。年間のPTA活動以外に学習指導面でも，こうした方々の力を借りて授業の充実を図る。

PTAとかかわるときは，保護者の気持ちに気を配る

●常に感謝の気持ちをもつ
PTA委員は，自らの生活や仕事がありながら献身的に活動を行っている。学校は地域と共に存在している。保護者や地域から信頼がなければ学校教育は一歩も進まないことを認識することが大切である。

●多忙を理由にPTAへのかかわりを避けない
教師がPTA活動に積極的にかかわる配慮があってこそ，よりよく学校を支援する活動が成り立つ。多忙はお互いさまである。

●保護者の願いを尊重する
保護者は自分の思いや要望を学校に伝えにくい。PTAの小さな意見にも積極的に耳を傾ける。そうすると，PTAへの保護者のかかわりも充実する。

〈保護者と話す機会には〉

12 年間の諸行事

年間の諸行事を通して保護者との連携を深め，学校教育への理解を促進するには，あらかじめ予定を伝え，地域からの評価をフィードバックして改善する体制を整えておくことである。

年間の諸行事は，学校と教師を知ってもらう場である

● 子どもたちの活動を公開し，直接状況を理解してもらう機会である

　年間の行事はあらかじめ年度の初めに日程等を周知できる。子どもたちの活動を公開して，保護者に学校教育の内容を理解してもらう機会である。また，集団の中のわが子のよさや課題，さらには集団を通した教育の大切さについても認識してもらえるよう計画する。

● 共に活動することで保護者の理解と協力を得，信頼関係を築く

　運動会や学芸発表会等の運営にはPTAの協力が不可欠である。こうした協力に教職員が感謝し，理解を示すことで信頼関係をつくり，共に子どもを育てる意識が高まる。

年間の諸行事に保護者と連携しやすい環境を整える

● 地域の学校行事として案内を工夫し，参加の徹底を図る

　学校行事は子どもたちのために行う大切な教育活動であり，保護者や地域が子どもたちの活動にふれる貴重な機会でもある。内容や予定等をていねいに知らせ，参加しやすいものとする。

　また，参加できない保護者に対しては，詳細をホームページなどに掲載したり，学校だよりに子どもの声を載せたりして，情報の提供を行う。

● 計画にあたって，保護者や地域からの意見を取り入れる

　行事は学校が計画し実施するものだが，計画にあたっては，地域や保護者の要望を取り入れるなど，より身近な行事内容にすると，保護者や地域

の人も参加意欲がわく。地域掲示板などで意見を募集したり，家庭にアンケートを配ったりして，保護者や地域の声を聞くとよい。

年間の諸行事に参加してくれる保護者の気持ちに留意する

●保護者の役割や期待を明確にする

年間の行事で保護者にどのような役割を依頼するのか，また，どのような点を見ていただくのか，などを事前に年間行事計画表などを作成し配布することで，協力してもらいたい部分を明らかにし，理解と協力を得やすいよう配慮する。

●前年度の評価を生かした改善を行う

教師はもとより，子どもや保護者・地域からアンケートや評価を受け，それらをもとに改善を行い，できた点，できなかった点と理由など結果を学校だよりやホームページなどを使って保護者や地域に伝える。また，反響は教務部や学校行事委員会などで集め，翌年にフィードバックする。

資料　手紙文例

○○様

拝啓　新緑が美しい季節となりました。○○様におかれましては，ますますご健勝のこととお慶び申し上げます

　さて，このたびは，A君の学校生活についてお便りをいただき，まことにありがとうございました。B君から暴力をふるわれて傷ついたとのこと，担任でありながら気がつかず，まことに申し訳ございませんでした。

　○○様からお手紙を頂戴しました件について，先日×日の放課後，A君の了解を得た上でB君に話を聞いてみました。そうしたところ，B君自身は「冗談のつもりで叩いてしまった」ということでした。「A君が傷ついているなんて気づかなかった，悪いことをしてしまった」と，本人もいたく反省している様子で，A君に謝りたいということでした。そこで，A君に事情を話して，私の立ち会いのもと，B君がA君に謝る機会をもうけました。A君に聞きましたところ，「痛くて嫌だったけど謝ってもらえて，うれしかった」ということでした。

　今後は，このようなことで傷つく子どもが出ないよう，担任として，いっそう教室の様子に目を配りたいと思います。また，来週の道徳の時間にで，相手の気持ちを考えさせる授業を行い，お互いを傷つけることのない，仲のよい学級づくりを進めていきたいと存じます。

　また，何かお気づきの点がございましたら，ご指摘を賜れますと幸いに存じます。これからも保護者の方々と一緒に，子どもたちが互いのことを思いやる学級づくりをさせていただきたいと存じます。

　このたびは，お知らせいただきまして，まことにありがとうございました。以上のような手順で指導を行わせていただきましたこと，ご理解を賜れますと幸いに存じます。今後とも，ご支援ご協力の程，何卒よろしくお願い致します。

敬具

平成○年○月○日

○○市立××小学校
○年×組担任　○○○○

第3章

保護者への情報開示とリレーションづくり

〈全体に告知するもの〉
1 保健だよりなど季節の健康指導
2 インフルエンザによる学級閉鎖など
3 授業の進度
4 進路情報

〈家庭に協力を求めるもの〉
5 学習習慣の形成
6 基本的生活習慣の形成
7 給食指導に関する家庭へのお願い

〈個別の連絡体制をとるもの〉
8 配慮が必要な子（ハンディキャップ）
9 配慮が必要な子（持病，摂食障害，骨折等）

〈家庭・地域とのリレーションづくり〉
10 登下校の安全，交通安全
11 緊急時（災害）のマニュアル
12 地域の諸活動へのかかわり
13 地域の人材活用（ゲストティーチャー）

〈全体に告知するもの〉

❶ 保健だよりなど季節の健康指導

子どもたちの心と体の健康に関する情報や，保健衛生に関する家庭への協力依頼は，季節に応じて行う。また，保護者が相談や情報提供をしやすい環境を整え，あらかじめ知らせておく。

保健だよりの基本
● 双方向性のある内容にする

　子どもの健康への保護者の関心はきわめて高く，また敏感である。子どもたちの心と体をめぐる情報提供や，家庭への協力依頼をする際，保健だよりはきわめて重要な役割を担う。単なるお知らせに終わらせることなく，学校と家庭とが連携して，より健やかな子どもの健康づくりをめざしたい。

● 季節の変化に応じた適切な内容で，定期的に発行する

　春の健康診断の内容・日程，夏のプール指導，夏休みの健康管理，秋の体力づくり，冬の風邪やインフルエンザ情報など，季節に合わせて半月ほど早めに発行する。できれば，2か月おきくらいに発行できるとよい。

保健だよりで学校からの情報提供を行う
● 健康診断の日程と結果を周知する

　健康診断の日程と内容について，家庭に知らせるのはもちろん，結果も知らせる。まとめたものを図や表などで示したり，学校保健委員会等で報告された子どもの心と体に関する内容や話題になったことを「虫歯予防が話題になりました」などと示したりして，保護者の関心を喚起する。

● 養護教諭からみた保健室情報

　『保健室から見た子ども』などのコーナーを設け，保健室に来室する子どもたちの様子を養護教諭のみた目で話題提供してもよい。

保護者が相談・情報提供をしたいときはどうするかを知らせる

● 健康診断結果についての問い合わせ先を知らせる

健康診断結果について「何か疑問などがありましたら，担任までお知らせください」と，いつでも対応できる姿勢を示しておく。また，学校で行う健康診断は集団で行うスクリーニング（事前の予備調査）であり，病院での医師による診断と多少異なる場合があることなどに留意しておく。

● 健康に関する相談窓口を知らせる

養護教諭など，だれが窓口となって，子どもの発育や健康に関する相談を受けつけているかも知らせ，気軽に相談できる雰囲気をつくる。

● 保健調査票の扱いについて知らせる

年度初めに「子どもの健康に関する大切な資料ですので，緊急連絡先や平熱について，また押印もれのないようにお願いします」と重要性について説明しておく。また，「お書きいただいた内容については，使用目的以外に使うことはありません」と個人情報の扱いについても表明する。

〈全体に告知するもの〉

❷ インフルエンザによる学級閉鎖など

> 毎年，時期になるとインフルエンザによる学級閉鎖が報告される。事前から情報提供に努め，学級閉鎖になったら，実施の内容と留意点について保護者に詳しく伝える。

◗ 早期に対応する

● **学校での子どもたちの現状を情報提供する**

　流行の兆しがみえ始めたら，学校から早めにインフルエンザ情報を保護者に提供し，注意を喚起する。後手後手になってしまっては意味がない。

㈲そろそろインフルエンザシーズンです。近隣の学校からインフルエンザによる欠席者が増えてきたという情報がありました。

● **インフルエンザにかかった場合の対応を知らせる**

　保護者の不安解消に努め，冷静な対応を促す。

㈲インフルエンザによる出席停止期間は解熱後，2日を経過するまでです。38℃以上の高熱が下がり，平熱にもどってから2日を過ぎるまでは安静にしましょう。無理をしないようにゆっくり休みましょう。

◗ 学級閉鎖・学校閉鎖の内容を明確に伝える

● **実施内容を明確にする**

　学級閉鎖，学校閉鎖を実施する場合，全体の保護者および該当学級に対して実施内容を具体的に示す。例えば，①閉鎖学級，②閉鎖期間，③登校日，④閉鎖中の注意事項，⑤出席停止について，等である。例えば，以下のように「本日から4日間，インフルエンザによる欠席者過多のため，学級閉鎖といたします。次の登校日は〇月〇日です。閉鎖期間中の授業時間は，〇〇に振りかえます」とていねいに伝える。

　また，学校での子どもたちの様子や，風邪による欠席者・風邪気味な子

> 実施内容を明確にする
>
> 期間中に特に気をつけてほしいことを伝える

学級閉鎖のお知らせ

インフルエンザによる欠席者多数のため，下記の通り学級閉鎖を行います。

- ●閉鎖学級
  ○年×組，△組
- ●閉鎖期間
  ○月○日～○月○日
- ●登校日
  ○月○日
- ●学級閉鎖の振りかえについて
  ○月○日～○日に，閉鎖期間中の振りかえ授業を行います。
- ●閉鎖期間中の注意事項
  ・いまインフルエンザにかかっている方
  　回復が一番ですので，ゆっくり休んで下さい。
  ・いま風邪やインフルエンザにかかっていない方
  　むやみに出歩かず，学校に行く日と同じように…

実施の内容と留意点を詳しく伝える

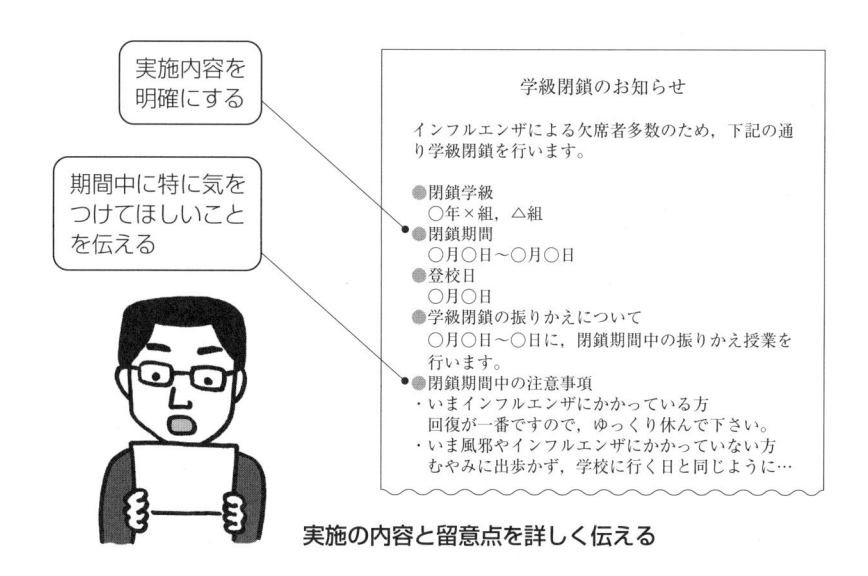

どもの人数，不調を訴えている子どもの症状等を知らせ，家庭での健康観察および指導の徹底を依頼する。

●**出席停止の措置の内容について説明する**

「インフルエンザ」「流行性嘔吐下痢症」等と医師より診断があった場合，出席停止となること，欠席扱いにはならないこと，登校時には登校届が必要となることを周知する。

学級閉鎖中の子どもたちの健康および安全対応を知らせる

●**現在風邪をひいている子どもへは，回復のための留意点を伝える**

現在風邪をひいている子どもにとって大切なことは，これ以上悪化させないことである。家庭でどう過ごしたらよいのか，留意点を知らせる。

●**現在風邪をひいていない子どもへは，閉鎖期間中の留意点を伝える**

学級閉鎖だからといって，普段の休日のように過ごさせてはならない。学級閉鎖期間中の家庭での過ごし方の観点などについて，周知に努める。

〈全体に告知するもの〉
3 授業の進度

授業は，学校が作成する教育課程に示された年間指導計画にそって進められる。授業の進度や課題となることを保護者に説明して，教科の目標達成に協力を求める。

授業進度の基本
- **年間指導計画の重要性を知らせる**

学習指導要領と年間授業時数に従って作られている年間指導計画にそって，授業は進んでいる。このことを，保護者会などの機会に実際の計画書を示したり，学年・学級通信を使ったりして折にふれ保護者に伝える。

- **授業の進度管理は学校の責任である**

例えば，計算力が不十分な子どもがいて，進度が遅れることもあるが，そのために教科書の内容を大幅に残すわけにはいかない。補充指導や個別指導を行うとともに，授業進度を適切に管理し，こまめに修正する。

保護者とは進度について連絡を取り合って連携する
- **目標とその達成状況を示して理解を得る**

「計算ドリルのミスを減らすことを目標に，ていねいに反復指導を行っています」など，育てる能力（評価規準）を具体的に示し，授業の目標を説明する。

- **個別指導を重ねて，家庭の協力を依頼する**

「基礎的事項を指導したいので，放課後の時間を使って，希望の子どもに個別指導の機会をもちたいと思います。または，別途課題を出して，読みの能力を伸ばしたいと考えております。ご家庭のご協力をいただけますようお願いします」と，重点的指導が必要な子どもには放課後の指導を行う。また，宿題を課したりして家庭の協力を得たいことを保護者会等で伝

折にふれ，保護者に伝えていく

える。
- **授業は，教師と子どもの相互作用でつくることを知らせる**

　授業の進度について，保護者はわが子によりよい状況を提供してほしくて相談してくるが，与えられる環境だけでは子どもは伸びない。「自分で考えると理解が深まるものです」と，教師の努力と子どもの主体的姿勢の両方が相まって授業は進んでいくことをあらゆる機会に訴えていく。

保護者からの意見は傾聴し，今後の指導計画について説明する

　授業の進度について保護者から意見があったら，「ご意見をいただいてありがとうございます」と謝意を示して尊重し，今後の指導計画について説明する。
- 早すぎてわが子がついていけない　・落ちこぼしをしている
- 反復学習や積み上げ学習をしてもらえない　・教科書と内容が違う
- 教科書が終わらない　・ほかのクラスと進度が異なる

〈全体に告知するもの〉

4 進路情報

小学校高学年や中学校3年生の保護者は，進路に対して不安を感じている。保護者の不安が学校不信につながらないよう，正しい情報を適切な時期・方法で提供する。

● 進路の基本的な情報を日常から伝えておく
- 進路決定までの流れを，進路だよりなどのプリントで伝える

　進路を考えさせる時期，担任と相談する時期，保護者と相談する時期，進路説明会の時期などの日程の計画を，進路だよりなどの目で見てわかる資料にまとめる。保護者会などの機会に口頭で補足説明するとよい。また，子どもや保護者が気持ちを固めるまでの流れを事前に理解してもらう。

- 進路先の特色を伝える

　卒業生の進学先一覧や「先輩の話を聞く会」で進路先の特色を伝えることもできる。「進路説明会」で進路先教師に来ていただき説明を聞くこともできる。進路先で開催する「説明会」の期日も伝えておきたい。

● 成績や進学先については直接話し合い，共通理解を図る
- 受験先に提出する学習成績について説明する

　学校が定めた「評価基準」に基づき評価したものであること，中学校では「成績一覧表審査会」で合格したものであることなどを説明する。公平・公正なものであることをていねいに説明し，理解を求める。

- 「進路決定の主体者は子どもである」という共通理解をはかる

　例えば，「美術の専門コースを希望しているのですね。本人の資質が生かせると思います」「自分で決めてこそ，自分の道になります」などと話をする。進路選択は，子どもが興味・能力や将来設計から決定するもので，学校はその支援を行うものであることを納得してもらうよう説明する。

第3章　保護者への情報開示とリレーションづくり

保護者と子どもの考えを軸に，適切な情報を提供する

保護者との連携では，考え方にズレが生じないよう留意する

● **学校の進路指導体制を理解してもらう**

「担任を中心に，学年や学校全体でお子さんの進路を考えています」と，保護者の相談窓口は担任であっても，一人一人の進路指導は学年・学校全体で行っていることを伝えておくことが大切である。

● **情報に振り回されない関係づくりをする**

学習塾や周囲の情報から，受験先を決めきれない保護者も多い。「日常から将来の仕事や進路について話し合っておきましょう」などと，子どもの興味や将来の希望を大切にする関係をつくりあげておきたい。

● **保護者の不安を解消する**

初めて受験生をもつ保護者の不安は想像以上に大きい。保護者の不安が子どもの自信を失わせたり，進路選択を迷わせたりすることにもなる。きめ細かな相談や適切な情報提供をして不安を解消する。

〈家庭に協力を求めるもの〉
5 学習習慣の形成

意欲的・主体的に学ぶ姿勢は，学習習慣の中で形成される。家庭と相互に補完し合いながら，子ども自らが「学習する自立心」を身につけられるよう，情報を提供し，理解を求める。

◗ 学習習慣の重要性について理解を求める
●学校での学習習慣の基本を知らせる

　基本的な学習習慣を確立すると，効率よく学業に取り組めるようになる。「学級の中で，他に迷惑をかけない行動がとれることや，静かに教師の話を聞くことなどが，マナーの基本です」「主体的に授業に参加すること，すすんで考え発言すること，忘れ物をしないなどは，学習姿勢の基本です」と，どんなことが基本的学習習慣として必要なのかを知らせる。

●家庭での学習習慣の基本を知らせる

　基本的な学習習慣は，日々の家庭学習の習慣によって身につくものである。「毎日，学習机に向かい復習や明日の準備を行うことが，習慣の基本です」「ドリルなどの繰り返し学習を行うことが，反復の基本です」「サブノートやレポートなど時間のかかる学習を行うことが，自立の基本です」など，家庭で行うことが望ましい習慣についても詳しく知らせる。

◗ 子どもに適した方法を，保護者と共に考える

　子どもに自分なりの学び方をもたせることが，学習習慣をより確かなものにする。子どもとの学習相談や保護者との懇談会などの話題にし，個々の子どもに合った学び方を身につけさせたい。例えば，「何回も書くうちに知識を身につけることができます」などと保護者にアドバイスする。

●反復学習を中心にする方法

㋑漢字の練習，算数の計算，英単語の暗記などの反復学習。

[図: 基本的学習習慣 — 忘れ物をしない／毎日机に向かう／静かに話を聞く／進んで考えを発言する／ドリルなどの反復学習]

学校「予習・復習の習慣化を図っています」　協力して学習習慣を確立する　家庭「毎日声をかけたり様子を見たりするのね」

● 理解度の確認を的確に行う方法
㋐ドリルなどをもとにして，自分の理解度を確かめ補充していく学習。
● 学習内容の整理をする方法
㋐いろいろな資料をもとにして学習内容を総合的にまとめる学習。

学習習慣を確立するためには，教師も工夫をする

● 家庭だけに責任を負わせない

　子どもの学習意欲は授業内容からわき起こるので，教師は学習意欲を高める工夫を重ねる。「子どもの発表力を大切にしています」「予習・復習の習慣化を図っています」と保護者に伝えることから連携が始まる。

● 継続することを呼びかける

　継続してこそ，習慣である。「初めて学習机を買ったとき，喜んでお子さんが机に向かったように，机に向かう習慣をつけさせたいものです」など，習慣化するまで家庭との連携が必要であることを知らせる。

〈家庭に協力を求めるもの〉

6 基本的生活習慣の形成

家庭での基本的生活習慣形成は，範囲が広い。しかも，保護者はエンドレスの努力を求められる。成果の実感も見えにくく，長続きしにくい。そこを学校と家庭で連携して乗り越えたい。

保護者に連携をお願いし，協力し合う体制を整える

保護者に習慣形成の大切さと必要さを訴える。そのうえで，負担と結果の実感を考慮して工夫したカードなどを保護者に示し，具体的に進める。

エンドレスにせず，2週間など期間限定としたい。「今週と来週の2週間は歯みがき週間として，生活習慣を身につける練習を学校と家庭で行いたいと思います。1日に1回，ご家庭でもカードをチェックして，ひとことコメントをお願いします」と，折々に実行する。毎日は子どもが自己評価，日数をまとめ保護者が評価，教師は日々の点検と最終評価をする。

実践カードによる基本的生活習慣形成の実践

●生活習慣づくりカード

例えば，朝食と睡眠やテレビ（ゲーム）の時間を中心に生活リズムの項目を作成する。そこには，実態把握の意味もある。「いま学校では子どもの疲れが問題になっています。特に睡眠の取り方を中心に習慣化したいと思います。ご家庭で特に気になっていることはありますか」と事前にアンケートなどで調査し，「めあて」を保護者と設定するとよい。

●カードを生かした保護者との個人面談

「成果の実感」と「その後の活用」が重要である。期末に行う保護者との個人面談で学習成績と一緒に示し，学級生活の状況と関連させて語り合う。

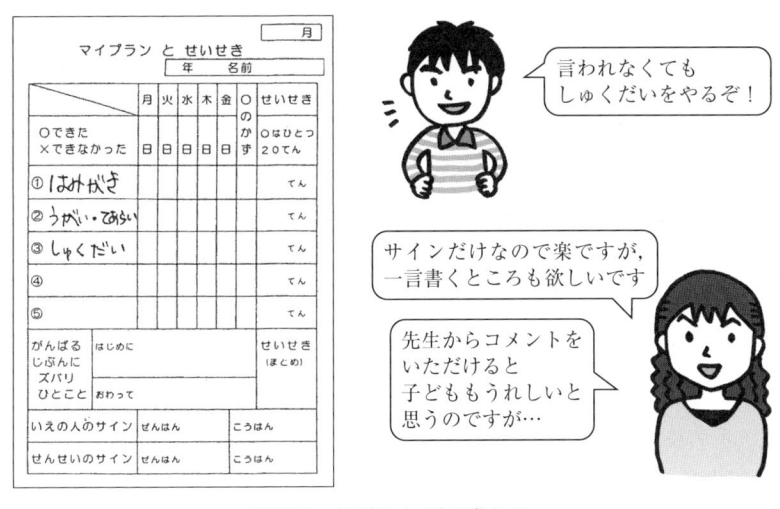

保護者と相談しながら進める

保護者との連携の留意点

●生活の実情に合わせる

一律の項目で全面的な努力を求めると，過度のプレッシャーをかけることになり，家庭から強い反発を受ける。必要な子どもについては，保護者と必ずコンタクトをとり，無理のない実践を心がけるようにしたい。

●カードの処理

カードの処理は子どもにも保護者にも面倒くさいと受けとめられやすい。教師もカードの処理に追われ，多忙感をもつ。そこで，期間限定にし，項目を精選し，処理を「点検」と「評価」に，しかも「毎日」と「まとめた日数」に分けるなど工夫をするようにしたい。

●実態調査と評価を行う

時期を調整して，年度初めに実態アンケート調査を行う。さらに年度末にも実践すると，その比較は学校評価として活用できる。最初の段階で学校としての到達目標を設定し，そのデータを公表するとよい。

〈家庭に協力を求めるもの〉

7 給食指導に関する家庭へのお願い

子どもたちの食生活・食習慣の乱れが指摘されて久しい。給食指導をどのように行うか・家庭に何をお願いしたいかを明確にし，保護者と連携して食育を行っていく。

◗ 学校給食のねらいについて理解を求める

　学校で食育をするときは，家庭の協力が不可欠である。まず，食育について，「学校給食は，人が生涯を通じて，健康で安全な生活をおくるために，望ましい食習慣や食生活の基礎を培うことを目標とする有効な教育活動です」と，保護者に知らせる。そのうえで，以下の内容を詳しく伝える。
①心身の健全な発達…健康によい食事のとり方を知る。
②会食のマナー………正しい食事のあり方を体得し，楽しく食事をする。
③人間関係……………会食を通して友達や教師とのかかわりを深める。
④互いの協力…………安全・衛生に留意して食事の準備や後片づけをする。

◗ 家庭における食習慣の改善を呼びかける

●朝食をとるように呼びかける

　「きちんと朝食をとると，午前中の授業に集中できます」「バランスのよい朝食を心がけ，きちんと食事をして登校する習慣をつくりましょう」「朝食を作る時間がなかったり，朝寝坊したときは，果物などで水分だけでもとるようにすると違います」など，生活習慣の改善を促し，より望ましい食習慣を身につけさせるよう働きかける。

●家族一緒に食べるように呼びかける

　「人とかかわれない子ども，人間関係の調整がむずかしい子どもが増えています。一緒に食事をとると，人間関係づくりの練習ができます。できるだけ家族そろっての食事を心がけてみてください」と呼びかける。

第3章　保護者への情報開示とリレーションづくり

[図：学校だより・保健だより、学級通信、給食指導についてのプリント、保護者会などを通じて家庭と連携して指導をしていく様子]

- 学校だより，保健だよりなど
- 学級通信
- 給食指導についてのプリント
- 保護者会で（食事を一緒にとることで人間関係づくりの練習ができます）

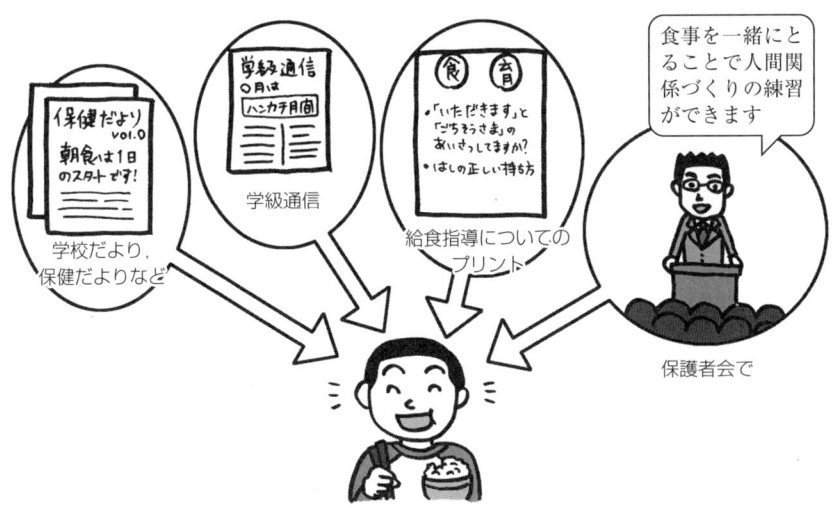

家庭と連携して指導をしていく

家庭への具体的なお願い事項

　食事作法の習得には，家庭の協力が不可欠である。「家族とのふれあいを通して，次のような食事作法を身につけさせましょう」と呼びかける。
①「いただきます」「ごちそうさま」のあいさつをする。
②背筋を伸ばして，ひじを卓上につかないよう食べる。
③食べ物が口に入っているときは，おしゃべりはしない。
④「はし」は正しく持ち，あまり音をたてないで食べる。
⑤食器はしっかり持って食べる。
　また，「衛生管理に留意し，子どもを見守っていきましょう」と声かけして，給食用のハンカチをしっかり持たせることや，手洗い，身の回りの整理・整とんが自分でできるようにすることなどについて協力依頼する。なぜその習慣をつけてほしいのかという理由と，どうすれば身につくのか，その具体的な対処法を一緒に知らせると効果的である。

〈個別の連絡体制をとるもの〉

8 配慮が必要な子（ハンディキャップ）

> 身体の不自由などハンディキャップのある子どもに関しては，とりわけきめこまかな指導が大切である。保護者と常に連絡を取り合い，共に子どもの自立を支援していく。

◗ 個別支援の考え方
- **担任は子どものよき理解者となる**

　基本的には担任が，そして学級が，友達が，ハンディキャップのあるその子をしっかりと受け入れる土壌の構築こそが第一条件である。
- **自己有能感を育てる**

　ハンディキャップが原因でその子に自信や明るさを失わせてはならない。担任は，常に認め励まし援助しながら，その子の自己有能感を育てるようかかわりを深めていく。

◗ 個別の連絡体制を整える
- **保護者との信頼関係を構築する**

　保護者もわが子のハンディキャップについて，大きな不安を抱いていることが多い。担任がよき理解者として「少しずつ自立してほしいとお考えなんですね」など，保護者の思いや願いをしっかり受けとめることこそが大切である。また，学校でのちょっとした子どもの変容等を，折にふれ連絡帳に「体操着を一人で着ることができるようになりました。以前と比べて表情も明るくなりました」など一言書き添えたり，電話や直接会って話したりするなど，こまめに保護者に伝える。担任のそうした気配りや配慮が学校や担任に対する信頼の基盤である。
- **指導に一貫性をもたせる**

　ハンディキャップがあるからといって，できないことを許容し続ければ

第3章　保護者への情報開示とリレーションづくり

少しずつ自立してほしいとお考えなんですね / 着がえも、もう少しがんばれば自分でできるようになるんじゃないかと思うのですが…	今日は○○ができました。××をすると、もっと確実にできるようになるかと思います 電話　来校 連絡帳，連携ノート　手紙
保護者の思いを受けとめる	折りにふれ，子どもの様子を伝える

いいとはかぎらない。まず，保護者に対しては「学習の仕方についてはどうお考えですか」「私としては読み・書きの部分を育てたいと考えていますが…」など，なるべく頻繁に子どもの教育について話すことである。たびたびの来校や電話が負担であれば，連絡帳や手紙などでやりとりする。個別の「連携ノート」を作ってやりとりしてもよい。

● 自立への支援を行う

思いやりには，あたたかい思いやりと厳しい思いやりがある。ときには，共感し，ときには厳しく対応するなど，バランスを考えながら自立への支援を行う。例えば「○○が気になります。いまはできませんが，少しずつできるようになると思います。学校でも○○について，一人でできるように支援していきたいと考えています」「ご家庭でも，お手数ですが，少しずつ試していただけないでしょうか」と伝え，学校と家庭の双方が，子どもの自立への支援をするという形を大切にする。

〈個別の連絡体制をとるもの〉

❾ 配慮が必要な子（持病，摂食障害，骨折等）

持病，摂食障害，骨折等のけがなどで，担任が特別な配慮をする子どもがいる。保護者から詳しい情報を得て，日常・緊急時の配慮すべき点を確認し，連携する体制を整える。

▶ 病状・障害について，保護者から情報を得る

まずは事実を知ることからスタートしたい。学校での子どもたちのリーダーは担任である。担任は，他とも協力して目標をしっかり掲げ，全体をまとめ，個々の子どもへのケアを行う。

● 状況を正しく理解する

より望ましい対応をするため，持病・摂食障害・骨折等のけがなど，その子の病状・障害等の状況を保護者からていねいに聞き取る。また，その子が自分に自信がもてるよう認め，励まし，援助する姿勢を忘れない。

● 養護教諭と連携する

多くの場合，専門的なケアが求められるので，養護教諭との連携が必要となる。「お話をお聞きする際に，養護教諭も同席させていただいてよろしいでしょうか」と保護者の了解を得たうえで，連携の体制をつくる。

▶ 日常で配慮すべき点を確認しておく

● 特に配慮すべき点は何かを確認する

心臓疾患・ぜんそく等の持病であれば，体育などの授業に制限がある場合がある。また，摂食障害であれば，給食の際に特別な配慮が必要となる。「学校生活を送るうえで，特に気をつけることはありますか」など，詳しく聞き取り，学校での指導上の留意点を保護者と一緒に話し合う。

● 投薬などの管理について確認する

投薬が必要な疾患等の場合，投薬の指示や管理をどうするか，校長や養

第3章　保護者への情報開示とリレーションづくり

子どもの状況

投薬など
給食指導など
特に配慮する点

発作を起こしたら…
携帯電話や職場
緊急時の対応方法と連絡先

保護者と話し合い，連携する体制を整える

護教諭とも話し合って保護者の理解を求める。

緊急時の対応を確認しておく
●想定される緊急時の対応を把握する
　心臓疾患等の持病により救急車の要請や個別の対応が必要な事態が想定されることがある。「発作を起こした場合，どうしたらよいでしょうか」など，個別の状況に合わせて保護者および医療機関との対応を確認し合い，その対応マニュアルを作成しておく。
●緊急連絡先を確認する
　万が一の際，迅速に連携がとれるように，保護者への連絡体制，かかりつけの医療機関，主治医，緊急連絡先の優先順位などを確認しておく。
●教職員の共通理解を築く
　緊急時に担任がいないことも考えられる。養護教諭以外にも，教頭・学年主任とは常に情報を共有し，校内体制の共通理解を図っておく。

〈家庭・地域とのリレーションづくり〉

10 登下校の安全，交通安全

登下校の安全，交通安全は，子どもが自分で自分を守る部分と保護者・地域住民が安全確保に協力する部分に分けられる。両面に積極的な取組みが必要である。

▶ 安全確保に関する学校の姿勢を示す

●自分で自分の安全を守ることが第一であることを知らせる

　学校や地域，家庭が子どもを守ることは当然だが，子ども自身が自分を守る意識をもつことも必要である。「学校では『いかのおすし』（ついていかない・大声を出す・すぐ逃げる・知らせる）と教えています。家庭でも話をしてください」と，学年初めの保護者会や配布物で知らせる。また，関係機関による指導で意識を高め，その練習をする。

●保護者・地域住民が動く

　通学路巡視・校区内パトロール・交通安全運動・街頭指導などについてPTAや町内会，関係機関の会合に出て，動きの立ち上げや活性化をお願いする。

●協力にかかわって学校がすること

　教頭や教務および担当のコーディネーターを置き，相互交渉を密に行う。

▶ 安全確保の協力をお願いする

●登下校の不審者対策

・行政や地域自治会の働きかけで，PTA活動の一環として校区内パトロールや通学路点検などが進んでいる。PTA役員や地域代表，警察などのスタッフ会議で情報交換を行う。
・事が起きた（情報が警察から入った）ときに，代表者に連絡すると下校時までに引率者が集まるという体制をめざし，協力をお願いする。

学校と諸機関の連携・協力

地域住民，自治会関係
- 校区内パトロール
- ながらパトロール
- 通学路点検
- 交通安全指導
- 自治会としての安全にかかわる活動（防犯活動）

教育委員会・行政
- 交通安全，登下校など安全確保にかかわる施策等
- 施設・設備にかかわる施策
- 社会教育・生涯教育にかかわる施策
- 地域行政にかかわる施策

PTA・保護者
- 校区内パトロール
- ながらパトロール
- 通学路点検
- 自転車教室，交通安全教室
- 子どもと実際に通学路を歩き，どういうときにどうするか共に考える。

警察・交番
- 巡視，パトロール
- 情報発信
- 交通安全にかかわる指導，訓練指導
- 不審者対策にかかわる指導，訓練指導

関連機関
- 交通安全協会
- 青少年育成協議会
- 学校警察連絡協議会
- 民生委員・児童委員
- 市防災課

● **交通安全の運動と教室**
・運動中の指導に関して，教職員以外の方の声が学校に入るようにする。
・交通安全教室，自転車教室では事前に警察などと連絡を取り，学校側の要望も伝え，学校の役割を明確にする。任せっぱなしにしない。

安心安全な学校づくりへの協力

● **情報を共有する方法を整備する**
・各家庭への情報は，できるだけ早く届ける。メール等で情報配信する環境を整え，即時に保護者に情報を伝えられるようにする。

● **開かれた学校づくりとのバランスをとる**
・校地を塀で囲んで門を閉ざし，来校者はインターホンで確認してから入れる学校が増えている。地域によるが，不審者対策と開かれた学校づくりとのバランスをとって対策を進める。

〈家庭・地域とのリレーションづくり〉

17 緊急時（災害）のマニュアル

災害に備え，発生時の行動マニュアルを整えて実際に練習（避難訓練）し，その方法を体に覚えさせることが大切である。保護者・住民と訓練を共に行うことが必要になる。

◉ 災害への備え

● 校内で行動マニュアルを整備する

　災害時の行動について，在校時を基本時間帯にしたマニュアルを作成する。その際，行政（市区町村）の防災課作成の骨子を参考にする。訓練を繰り返し，そのつど改善する。保存食料や飲料水，毛布などの確認もしておきたい。

● 保護者・住民と合同訓練をする

　PTAや町内会を通じ，保護者・住民との合同訓練を行っておく。

◉ 災害が起きたときの対応について，保護者に知らせておく

　災害が起きた場合どうするか，保護者にも基本原則を周知しておく。マニュアル化して簡単な冊子にまとめ，文書で配布しておく。

● 情報の確保について（放課後・在宅時）

　災害時は情報が生命線となる。学校に子どもがいない状況では個々の子どもの情報収集が重要である。「電話は災害時は不通の可能性があります。在宅時の安否確認は，基本的に教職員が家庭訪問します。避難される場合は，ご自宅に行き先の貼り紙をしたり，近所の方に伝言するなど行き先がわかるようにしてください」と安否確認の方法を記載する。

● 子どもの安全の確保と保護者への引き渡し（在校時）

　学校に子どもがいる状況では，子どもを帰さず，保護者に一人ずつ引き渡すことが鉄則である。「在校中に災害が発生した場合，お子さんはいっ

```
┌─────────────────────────────────────────────────────────────┐
│                    マニュアル                                │
│        学校で作成し，保護者にも配って周知しておく            │
│                  災害が起きたときの対応                      │
│  ┌──────────────┐ ┌──────────────┐ ┌──────────────┐        │
│  │ 情報の確保   │ │安全確保と引き渡し│ │ 災害後の対応  │       │
│  │●災害時の安否確認│ │●在校時に災害が起│ │●授業再開に関す│       │
│  │ の方法（教職員が│ │ きた場合は，帰宅│ │ る連絡方法   │       │
│  │ 家庭訪問する） │ │ させず，保護者に│ │●避難所となった│       │
│  │●保護者から知らせ│ │ 1人ずつ引き渡す│ │ 場合の対応方法│       │
│  │ る方法       │ │              │ │              │       │
│  └──────────────┘ └──────────────┘ └──────────────┘        │
│                              ┌─ ─ ─ ─ ─ ─ ─ ─ ─ ─ ─ ─ ┐    │
│                              │   合同避難訓練          │    │
│                              │●行動マニュアルにしたがって│   │
│                              │ 地域住民と合同で避難訓練 │    │
│                              │ を行っておく。          │    │
│                              └─ ─ ─ ─ ─ ─ ─ ─ ─ ─ ─ ─ ┘    │
└─────────────────────────────────────────────────────────────┘
```

たん学校で預かり，帰宅はさせません。緊急連絡網でご連絡いたしますので，直接学校までご来校ください」と，原則を周知する。また「大規模災害時には緊急連絡網が機能しない場合も考えられます。その場合も，情報確認のため，来校してください」と対応方法を記す。

● **学校が避難所になる**

多くの場合，学校は避難所になる。校舎は直後から使用される。ただちに「本部」を設け，関係機関と連携しながら，指示を出していく。

授業再開後も，避難民が学校に滞在し続けることがある。その場合，授業や登下校等，不測の事態に備えた対応が必要になる。「学校が避難所になると，授業が再開されても，ボランティアやマスコミなど，外部の人が頻繁に出入りすることになります。その間，授業は一部変更になります。登下校は安全確保のため保護者が同伴してください」と周知する。

● **臨機応変に対応を変えることも知らせておく**

マニュアルは原則であり，状況に応じ変化することも知らせる。

〈家庭・地域とのリレーションづくり〉

12 地域の諸活動へのかかわり

> 地域の諸活動に子どもがかかわることは、社会性を育てるうえで大切である。地域組織の活用と子どもの参画がポイントになる。子ども自身が参加している意識がもてるようにする。

地域の諸活動に子どもがかかわる

● 地域の中の子ども

　住民は地域の子どもをよく知らない実態がある。一緒に活動し、対話することでかかわり合いが進み、大人の教育力が子どもの社会性をはぐくむことが期待される。教職員も入り、学校と協働の活動を展開していく。

● 地域の組織を生かす

　町内自治会を生かす。学校の地域子ども会のエリアが自治会エリアに対応しているので、地域子ども会担当（あるいは教頭）が渉外にあたる。

　例えば、自治会連合会の役員などに学校と協働で「地域ごとのクリーン作戦」をすることの根回しをする。各町内に、「地域子ども会でクリーン作戦を行います。自治会と合同でやりたいと願っています。ついては…」などと回覧板を配布する。子どもと住民は同じ地域同士でなじみがあり、互いに親近感を抱きやすい。住民が学校に来るという態勢をつくることから始める。自治会が普通に活動している状態なら、学校の働きかけは間違いなく受けとめてもらえる。

● 働きかけたい地域の組織

　地域の組織は自治体だけに限らない。青少年育成協議会、交通安全協会、児童・民生委員、不審者対策の組織（新潟市では「セイフティ・スタッフ」）など、さまざまな団体や機関がある。学校評議員もいる。そのなかから、学校のために動いてくれる「キーマン」を探す。見つかったら、その人の属する組織を軸にかかわる活動を始めていく。

地域活動の流れ（例：地域清掃）

- 町内連合会長，各町内会長への依頼
- 地域子ども会長への指導（全体見通し）

↓

- 教職員による担当町内の下見
- 教職員と地域代表との打ち合わせ

↓

◎子どもと地域代表が一堂に会して計画を話し合う（地域子ども会）

↓

◎計画にしたがって，地域住民と子どもたちが共同で作業をする

子どもたちを活動の中心において実践する

●子どもと住民代表が活動について話し合う

地域子ども会では，地域のどこで何をするか，住民代表と子どもたちが話し合うようにする。子どもが進行する学級会スタイルで話し合うとよい。

●「子ども議会」を立ち上げる

条件がそろうなら，学校と自治会，地域の諸団体・機関と子どもも参加した「子ども議会」を設置したい。例えば「前庭をふれあいの庭にするプロジェクト」を立ち上げ，市町村議会の議場を使って話し合いを進めるなどの協働プロジェクトを行い，地域の活動に深くかかわる機会をつくる。

●教職員と地域代表が打ち合わせておく

事前に担当町内を下見し，町内会長にアポイントをとり，活動の実際の担当者と打ち合わせをする。当日は一緒になって活動する。教職員が地域で奉仕的な活動をすること，住民と言葉を交わすこともきわめて重要である。

〈家庭・地域とのリレーションづくり〉

13 地域の人材活用(ゲストティーチャー)

地域講師の指導は，子どもに新鮮な学びを感じさせ，地域を愛する心をはぐくむ。依頼から事後まで謝意をもって接して地域と学校が協力し合う雰囲気をつくり，地域との連携を強める。

◗ 地域の方に依頼するための校内体制を確立し，伝達事項をまとめる

● 学校の依頼体制を確立しておく

　地域の方に何かを依頼するときは，担当教師が窓口になるにしても，最終的には校長が学校代表として依頼する。それまでに校内で，だれが・どこに・いつ・何の連絡をするのか，担当を決め，依頼の体制を確立する。

● 依頼内容を十分に伝達する

　地域の方の実感に基づく自然な話をぜひお願いしたいと伝える。また，「教える」ということに抵抗を感じている様子なら，指導は教師が担当することなどを伝えて依頼者に負担をかけない配慮も必要である。

◗ 地域人材を迎えるときは丁重に接し，緊張をほぐすよう配慮する

● 講師に対して誠意をもってていねいに接する

　「ようこそおいでくださいました」と来校時は玄関で出迎え，謝意を伝える。また，玄関に案内を表示したり，靴入れに名札を貼ったりして学校が感謝をもってお迎えしていることがわかるようにしておきたい。

● なごやかな環境・雰囲気をつくる

　「子どもたちもお話をうかがうことを楽しみにしています」と，来ていただいてうれしいという気持ちを伝える。また，「子どもと遊んでいただくという気持ちで十分です」などと伝え，講師の緊張をほぐすなどのなごやかな雰囲気をつくっておくことも大切である。

授業後は機会をとらえて謝意を伝え，意見を今後に生かす

● 教師と子どもの感謝の気持ちを伝える

指導に対する子どもの感想，様子を記載した学年だより，校長の感謝等々は即座にお伝えする。子どもたちの感想などは，メッセージカードのような物に書かせ，形に残る物として渡せるとよい。

● 講師の感想・意見を聞き，今後に生かす

講師もそれなりの感想をもっている。授業後や子どもの感想を渡す際に，「こうしてほしいと思われたことがありましたか」とていねいに聞き取っておくと，今後の改善すべき点がはっきりする。また，新たな方法についても発想が広がり，連携も強いものになる。

● 卒業時にもあらためてあいさつし，地域との結びつきを強める

卒業を控えた時期に，子どもたちにかつて指導を受けた講師を訪ねさせ，当時の指導のお礼と卒業の報告をするよう指導したい。子どもも地域の方も，共に地域の一員としてかかわり合う契機となる。

用語解説 行政関係

●就学援助
　子どもを小・中学校へ通学させるのに経済的に困っている人に対し，各自治体で，学用品や給食費などの費用の一部を援助する制度。この制度は，自治体により，援助の内容が異なる場合がある。

●生活保護
　ADHD，LD，アスペルガー症候群，高機能自閉症など，知的障害をともなわない発達障害をいう。

●民生委員（児童委員を兼ねる）
　「民生委員は，社会奉仕の精神をもつて，常に住民の立場に立つて相談に応じ，及び必要な援助を行い，もつて社会福祉の増進に努めるものとする（民生委員法第1条）」。住民から選ばれる奉仕者（無給）で，担当地域のなかで，生活上の相談や，福祉サービス利用の手伝いなどの活動に取り組む。近年は，児童虐待や不登校・ひきこもりなどにも対応している。

●DV（ドメスティック・バイオレンス）
　直訳すると「家庭内暴力」であるが，日本では特に配偶者間・恋人間の暴力をさす。「配偶者からの暴力の防止及び被害者の保護に関する法律（平成13年4月制定）」が施行され，行政が相談機関や支援施設等を設置している。

●児童虐待
　身体的虐待・性的虐待・ネグレクト（育児放棄）・心理的虐待がある。従来，児童虐待は児童福祉法等で対応されていたが，相談件数の増加や虐待の深刻化のため，早期発見・早期保護をめざして，「児童虐待の防止等に関する法律（平成12年5月）」が制定された。

第4章

気になる保護者への働きかけ

〈子どもの状況・子育てにかかわるもの〉
1 虐待の疑いがある
2 過保護である
3 放任しすぎている
4 子育て・しつけに不安を感じている
5 不登校の子どもがいる
6 非行（反社会傾向）の子どもがいる

〈家庭の状況にかかわるもの〉
7 給食費などを滞納している
8 生活保護を受けている
9 家庭がうまくいっていない
10 単親（母子・父子）家庭
11 家庭内暴力がある

〈保護者の状況にかかわるもの〉
12 保護者に精神的な不安がみられる
13 保護者に身体障害がある・入院している
14 宗教上の理由で行事に参加させない
15 在日外国人の保護者

〈子どもの状況・子育てにかかわるもの〉

1 虐待の疑いがある

子どもへの虐待が疑われる場合，すべての国民には児童福祉法25条に基づく通告義務がある。児童相談所に通報する際は，独断で行動せず，校内・関係機関と連携して行う。

◗ 教師には児童福祉法に基づく通告義務がある

「要保護児童を発見した者は，これを市町村，都道府県の設置する福祉事務所若しくは児童相談所又は児童委員を介して市町村，都道府県の設置する福祉事務所若しくは児童相談所に通告しなければならない（児童福祉法第25条第1項）」。特に発見しやすい立場である教職員には，積極的な通告が求められている。

◗ 具体的な働きかけの手順

①まず，事実関係を確認する。当該の子どもの気になる点を率直に伝え，「お子さんのことで相談したいので」と言って，家庭訪問をする。そして，家庭の状況と保護者の様子を理解する。場合によっては，担任一人ではなく，養護教諭や管理職が同席するほうがよいこともある。虐待について確証がもてない場合は，児童相談所に相談する。

②家庭訪問と言われると，身構えたり断ったりする保護者も多い。家庭訪問を断られたら，個人面談や電話連絡など，保護者と直接話ができる手段を講じる。また，いきなり「虐待では」と切り出すと，多くの保護者は反発する。「最近，A君の様子が気になっているのですが」と，保護者が自分が責められていると感じないように話す。

③虐待の疑いが確実になったら，地域の主任児童委員（民生委員でもよい）に報告し，地域でも保護者の様子を見てもらう。

④担任は，児童相談所などと連携しながら，保護者への対応を続けていく。

子どもが要保護と判断され、保護者と離れて生活するようになった場合は、子ども・保護者双方と連絡を取り続けられるようにする。

働きかけるときの留意点

・担任だけの対応は困難である。校内・関係機関との協力が必要である。
・虐待は認められるものではない。しかし、虐待の自覚がない保護者や、虐待してはいけないとわかっていてもやめられない保護者もいる。「何とかしなくては、とお考えなのですね」など、保護者の気持ちを理解し、受けとめようという姿勢で接し、話を聴く。保護者を否定しない。
・事実確認は、複数で、慎重に行う。そのためには、担任が毎朝の健康観察のときや子どもたちが体育着に着がえるときなどに、子どもたちの顔や体に傷がないか・発育が遅れていないかなどを観察することが大切である。さらに養護教諭やスクールカウンセラーにも確認してもらう。そのうえで、保護者と話し合いをするようにしたい。

〈子どもの状況・子育てにかかわるもの〉

2 過保護である

過保護な保護者はよく気がつき，何でも手早くできる。その気持ちや言動を生かして，学習活動にかかわってもらい，そのなかで子どもに自立の必要があることを知ってもらう。

● 学校での子どもの様子を知らせる

例えば，「最近，A君が『体育着をたためない』とお友達にやってもらう場面をよく見ます。本人に確認したところ，お家ではお母さんがやってくれるからできないとのことでした。お家でしっかり見てくださっているおかげと思いますが，学校でできず本人がつらい様子です」と，連絡帳などで，どのような問題が起きているかを知らせる。

「今後，成長するにつれ，一人でできるようになることは大切なことです。お家でも，なるべく自分のことをやらせてみてはいただけないでしょうか」と，本人の成長のために必要なことを助言する。

● 保護者に協力を求める

生活科や総合学習の授業は，保護者の協力を必要とする。その際に，「グループで活動する子どもたちの様子を見守っていただき，上手にできないときは，手を貸してください」などと声をかける。そして，全体で「B君はきちんとあいさつをしていましたね」「Cさんは，友達ができずに困っていたときにやってあげていましたね」と，子どもたちのよいところをほめる。これが，保護者がしつけの仕方を考えるきっかけになる。

子どもの長所やできることをほめたうえで，「友達からすごいと思われているD君が，服もたためないのかと思われるのがとても残念です」と伝え，一つずつできるようになるまで協力してもらう。そして，できる姿が見られるようになったら，すぐ保護者に知らせ，成果を共有する。

第4章 気になる保護者への働きかけ

- 見守ることの大切さを説く
- エネルギーをほかに向けさせる

「お子さんをしっかり見ていただいているからだと思います　ありがとうございます」

「Aさんは授業中とてもきちんと話を聞いています　○○ができるともっと自信がつくと思います」

「Aさんが自分でできるよう手を出さず見守ってあげる機会を増やしてあげて下さい」

「総合学習などにご助力をお願いできますでしょうか」

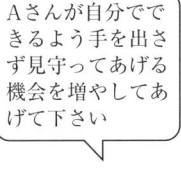

保護者をねぎらう　｜　子どもをほめ，さらに伸ばしたいと伝える

働きかけるときの留意点

- 子どもへの愛情があり，子どもとかかわりたいという気持ちがあることをしっかりと認めて対応することが大切である。「お子さんは忘れ物もないし，とてもがんばっていますよ。しっかりみていてくださって，ありがとうございます」と，保護者をねぎらう言葉かけをしたい。
- 子どものために何でもしてあげることが，本当に子ども自身にとってよいことなのかをじっくり考えさせる。「どんな子どもに育てたいのか」について一緒に考えながら，保護者自身が気づいていけるよう援助することが大切である。
- 過保護な保護者にとって，理想的な子どもが学級や学校にいる場合には，その保護者の子育ての仕方を直接聞かせてもらうようにしたり，紹介したりすることも有効である。
- 保護者の気持ちをじっくり聴き，あせらずに対応したいものである。

〈子どもの状況・子育てにかかわるもの〉

❸ 放任しすぎている

放任は，極端な場合，ネグレクト（育児放棄）につながることもある。子どもに起きている問題を明らかにし，教師と保護者が協力して共に解決していこうという姿勢で臨む。

▶ 放任している家庭の子どもに生じやすい問題

　放任的な保護者をもつ子どもには，あいさつなどの基本的な生活習慣，宿題をする・忘れ物をしないなど，学校生活を送るうえで身につけなければならない習慣がついていないことが少なくない。身についていない場合，その子ども自身が困るだけでなくほかの子どもたちにも悪い影響を与える。

▶ 具体的な働きかけの手順

①手紙などで，「A君が宿題をよく忘れていることが気になります。本人に聞いたところ，夕飯のあと，やろうと思っても忘れてしまうとのことです。『どうしたらできそうかな？』と聞いたところ，夕飯のあと，だれかが言ってくれればできるかもしれないとのことです。大変恐れ入りますが，お家の方にもご協力をお願いできないでしょうか」と伝える。あくまで子どもの問題を解決するために協力してほしいという姿勢をうち出す。また，同時に子どものよいところも書いてほめる。

②当該の子どもの様子を，連絡帳で知らせる。「最近は宿題をきちんとやってくるようになり，周りの子どもとも楽しく遊んでいます。お忙しい中，学校の教育活動にご協力をいただいてありがとうございます」など，保護者の協力に感謝の意を表す。

▶ 働きかけるときの留意点

・「お母さんのことをいろいろ楽しそうに話してくれましたよ。大学生の

第4章 気になる保護者への働きかけ

（図）

左側：
- 吹き出し「子どもの主体性にまかせています」
- 吹き出し「自分で考えて行動する人間になってほしいのです」
- キャプション：保護者の話を否定せず十分に聴く

右側：
- ●保護者に頼みたいことを明確に言う
- 吹き出し「お子さんがきちんとやっているかを見届けることが自主性につながります」
- 吹き出し「宿題をしたか，毎夕声をかけてあげてください」
- ●よい点はすぐにほめる
- 吹き出し「このごろ，忘れ物が減りました。授業も集中しています」
- キャプション：子どもの問題を解決するために協力してほしいという姿勢を示す

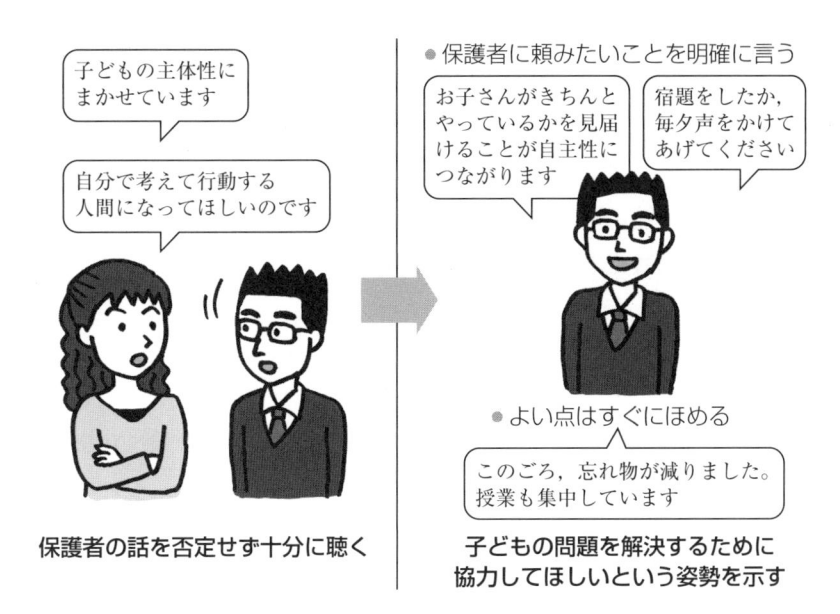

とき，演劇クラブに入っていたとか。自分も演劇クラブに入ってみたいそうですよ」「お休みの日は，お母さんは疲れて寝ているから，朝は，自分でパンを食べるのだと言っていましたよ。お母さんに気をつかっているのですね」など，子どもが保護者に甘えたいのにがまんしているという気持ちを，機会あるごとに電話や連絡帳で保護者に伝えていく。
・家庭訪問や個人面談，保護者会などの機会や学級通信を通して，基本的な生活習慣が子どもの成長にとって必要不可欠なことであると伝える。
・また，自分の教育方針について「子どもの自主性に任せている」と思っている保護者に対しては，「自主性に任せて待っていれば，いつかできるようになるわけではありません。お子さんがやっていることをきちんと見届けていくことが自主性を育てることにつながるのです。やり方がわからないようなら教え，忘れているときは気づかせてください」と，自主性と放任との違いをしっかりと理解させる。

〈子どもの状況・子育てにかかわるもの〉
4 子育て・しつけに不安を感じている

> 周囲に子育ての相談相手がいなくて，不安を感じている保護者には，学校の様子を伝えて安心感を与える。また，保護者会などの機会を利用して情報交換の場を設ける。

◗ 保護者は孤立している

　子育て・しつけに不安を感じている保護者には，まじめで教育熱心な保護者が少なくない。自分の考える子ども像や育児書に書いてある育ちの様子に合わないと，子育てが間違っているのではないかと不安に思ってしまうのである。兄弟が少なく一人の子どもに目が行き届くこと，祖父母との同居が減って近くに相談できる先輩がいないこと，父親が育児にかかわらないこと等から，一人で悩む母親が多い。育児書やインターネットの情報があふれている今日，逆に孤立化する保護者は増えている。

◗ カウンセリングの考え方や技術を生かして対応する

●保護者の話を受けとめる

　教師が相談相手になり，保護者の話をよく聴き不安を受けとめる。聴いてもらうことで不安の多くが解消される。話の中から保護者が大切にしている子育ての考え方を見つけ，「明るい声であいさつしてすばらしいと思います」などとほめる。認められると，保護者は自分の子育てに自信をもつ。

●教師の視点で気がついた子どものよい面を伝える

　学校での様子を話し，子どものよい面を伝える。具体的な場面をとらえて，どこがどのようによいのか，教師の子どもを見る目を伝えると，子どものとらえ方に新しい視点ができて見方が広がる。気づかなかったことが見えてきて安心することも多い。

保護者同士が気軽に話し合える場を設定する

- **スクールカウンセラーと連携する**

　不安感が強い場合には，スクールカウンセラー等の相談機関につなげて定期的に相談できる場をつくっておくことも必要である。

学校が子育ての仲間づくりをする機会を設ける

　子育てについて，保護者が気軽に話し合うことができる場を設定し，情報交換できるようにする。保護者会で話し合いたいテーマを事前に尋ねておき，テーマごとに小グループをつくって話し合うことである。

　「家庭学習の仕方」「おもちゃやゲームの与え方」「家庭での手伝い」「お小遣いの与え方」など，ほかの家庭の話を聞いて同じ考えに安心したり，子育てのヒントをもらったりすることができる。また，話を聴いているうちに自分の考えが明確になることもある。

　1年に数回，こうした話し合いの機会を設けて孤立しがちな保護者の仲間づくりをしていくことが必要である。

〈子どもの状況・子育てにかかわるもの〉

5 不登校の子どもがいる

不登校の原因を把握して，子どもと保護者の苦しみを理解し，共に考える姿勢で臨む。保護者・子どもとのつながりを保ち，無理に登校をせまらず，あせらずに対応する。

◗ 保護者の精神的苦痛に配慮する

文部科学省は，不登校を「心理的，情緒的，身体的あるいは社会的要因・背景により年間30日以上欠席した者」と定義している。その数は，学年が上がるにつれて増え，中学校では深刻である。理由は「不安など情緒的混乱」と「いくつかの理由が複合」が多い。このような場合，子どもも保護者も「学校に行かなくてはならない」と考え，精神的苦痛を伴っていることも少なくない。

◗ 何よりあたたかい対応を心がける

● 保護者の苦しみを受けとめる

保護者は，なぜ不登校になったのかわからずに苦しんでいることが多い。面談する際には，保護者の苦しみを共感的に理解することに努め，登校できるように支援するあたたかい姿勢が欠かせない。

● 子どもとのつながりを保つ

不登校中は，学習の進みぐあいや友達の様子が気にかかる。学級通信や学習プリント等を忘れずに届け，ときどき家庭訪問をして子どもとの関係を切らないようにする。届ける方法や訪問の時間・回数などは，子どもが負担を感じないように保護者と話し合っておくことも必要である。

● 登校し始めたときは慎重に対応する

登校し始めた子どもは，大変不安定である。登校をことさら喜んだり話題にしたりすると大きな負担を感じる。ほかの子どもが「どうして休んで

第4章　気になる保護者への働きかけ

学年だよりと算数のプリントです
家でやってみてくださいね

来週子どもまつりがあるので，来られたら遊びにいらっしゃい

保護者・子どもとの関係を切らない

いたの？」「これからはずっと来られるの？」等の質問をしないように留意し，自然につき合うようにさせる。不安を感じたり，苦しくなったりしたらどうするか，細かい対応について取り決めておくことも大切である。

登校をせかさない
●あせらせないことを保護者との間で確認しておく
　子どもが自分で「学校へ行く」「教室で勉強する」と決めるのを待つ姿勢が大切である。保護者には，「あせらないこと」「あせりの気持ちは言葉に出さずとも子どもに伝わること」を理解してもらうことが大切である。
●登校し始めた直後は，保護者の協力を仰ぐ
　長期に休んだ後で登校する際，多人数の学級に入ることに抵抗を感じる場合には，保健室や相談室で学習することもある。教師が学習課題を用意し，自分で学習を進められるようにしておく。保護者にも同席してもらい，本人が慣れてきたら徐々に学校生活に適応できるようにする。

〈子どもの状況・子育てにかかわるもの〉

6 非行（反社会傾向）の子どもがいる

反社会的行動をする子どもは，心に悩みを抱えていることが多い。保護者に非行の事実を伝えるとともに，子どもの心を一緒に考えようとする姿勢で臨む。

◗「反社会的行動は許されない」ことを共通理解する

　今日の非行は，遊び感覚でいじめや暴力，万引き等を行う例が多い。家庭や学校の教育力の低下に伴って，子どもの規範意識が十分に育たないことが要因である。また，いわゆる「普通の子」が突発的に起こす暴力も増加している。豊かな消費生活を享受して育った子どもに，人として必要な耐性が育っていないことが大きな要因である。

　反社会的行動は決して許されない行為であることを，子どもにも保護者にも理解させることが第一である。

◗保護者に事実を知らせ，謝罪につなげる

●保護者と子どもが確認し合う

　学校で問題行動を起こす子どもが，家庭では「よい子」であることは多い。そのため，保護者が子どもの行動を理解しにくかったり，認めなかったりすることも多い。保護者に問題行動の事実を理解してもらう有効な方法は，子ども自身が自分のしたことを話すことである。教師と子どもの話が食い違えば，保護者は子どもの言葉を信じることが多い。教師に不信を抱いたり反発したりする結果となり，その後の指導はむずかしさを増す。子ども同席で話すとよい。ただ，保護者を目の前にすると，話せなくなる子どももいる。その場合は，個別にゆっくり話を聴く。

●保護者が謝る姿を示し，子どもと共に謝る

　被害を与えた相手に，子どもと保護者が一緒に謝罪することが大切であ

第4章　気になる保護者への働きかけ

「だれも見てないから、マンガをバッグに入れました」
「Aくんはそのときどうしましたか」
「さっそくおわびに行きます」
「お子さんが自分で謝ることと、親が一緒に謝る姿を見せることは大切ですね」

子どもと教師の話に、保護者も同席　→　保護者と教師が話し合う

る。子どもが謝ることはもちろんであるが、保護者が頭を下げ、わびる姿を見せることは、子どもの反省の気持ちを強め、同じ過ちを繰り返させないために必要である。

家庭の問題に立ち入るときは慎重に行う

　保護者との面談は一般的に母親と行うことが多い。反社会的行動の背景に家族に対する反発や父親の暴言・暴力等が存在する場合、父親との面談も必要である。暴力行為が家族から受けたことを真似していることに気づかせ、あたたかい家族関係をつくる努力をしてもらう必要がある。
　しかし、このことは家族のあり方にかかわることであり、教師が立ち入ることにも限界がある。面談の中で、保護者が気づくように話を進めるよう配慮することが大切である。また、スクールカウンセラーを紹介し、ペアレントトレーニングを受けるなど、時間をかけて保護者が子どもと一緒に成長できるように支援したい。

〈家庭の状況にかかわるもの〉

7 給食費などを滞納している

人権にも配慮し，実態や状況をよく把握したうえで対応する。保護者に，「子どもが学校生活を送るうえで必要な経費」であることを納得してもらえるように働きかける。

● 実態（家庭の状況等）を把握する

　給食費や教材費の滞納に関する各家庭の状況は，さまざまである。最近は，それぞれの費用についての集金方法は，ほとんどが銀行（郵便局等）振り込みによる場合が多い。口座を生活用と分けて開設している場合，単に口座への入金忘れということも多い。また，生活苦による場合もあり，生活保護との関連を考えた手だての必要な場合もある。そのため人権に配慮しなくてはならない場合もあり，注意を要するところである。

　学校からの督促状などについては，子どもの目にふれないよう配慮する。滞納の実態は，短期間で把握できないことも多く，数か月から１年かかることもあるが，それぞれの実態に即した手だてを講ずることが大切である。また，知りえた情報については，守秘義務がある。これは子どもの人権を守ることである。

● 手紙などで確実に知らせる

　給食費や教材費の滞納については，まず学校からの督促状の発信を行う（場合によっては，引き落としの日程が月に２度設定されている場合もある）。この際，学校や学級からのお知らせとして封筒に入れて，子どもに渡し，必ず保護者に届くようにする。場合によっては，返信を受け取るようにし，保護者の集金（入金）に対する意識を高めておくことも考えられる。滞納が続く場合には，校長が直接保護者と話し合うことも必要である。

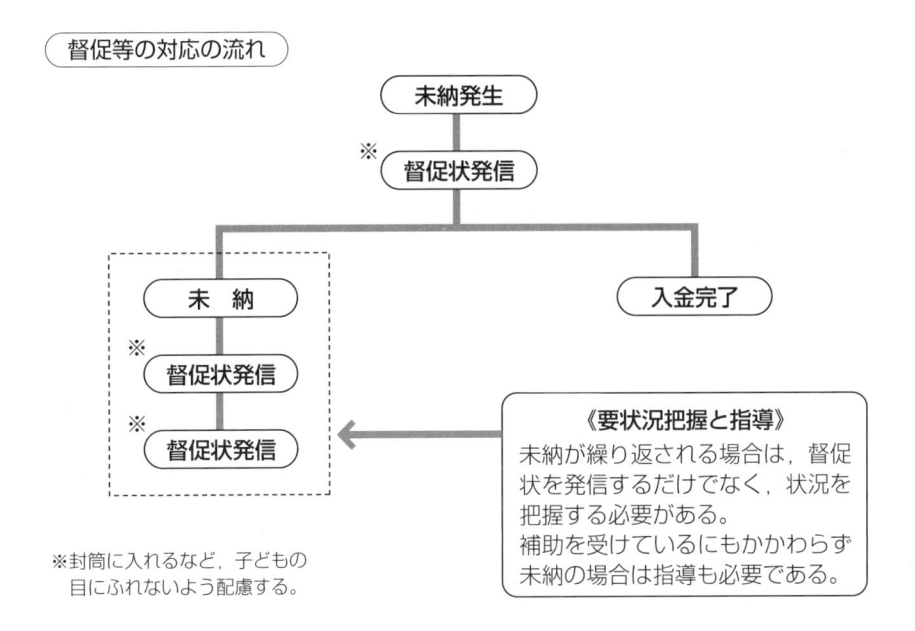

第4章　気になる保護者への働きかけ

督促等の対応の流れ

```
          未納発生
            │
          ※│
         督促状発信
          ┌──┴──┐
         未納    入金完了
        ※│
       督促状発信
        ※│
       督促状発信  ◀── 《要状況把握と指導》
                    未納が繰り返される場合は，督促
                    状を発信するだけでなく，状況を
                    把握する必要がある。
                    補助を受けているにもかかわらず
                    未納の場合は指導も必要である。
```

※封筒に入れるなど，子どもの
　目にふれないよう配慮する。

◗ 生活保護など配慮が必要な場合の対応

　地域によって異なる場合もあるが，生活保護を受けている場合は，就学援助の「要保護」の手続きにより，移動教室・自然教室・夏季施設等の費用支給を受けることができる。また同じように，所得等の基準をクリアすれば，「準要保護」の就学援助を受けられるシステムもある。これは学用品費や給食費も支給される（心身障害学級就学奨励のシステムもある）。どちらも生活保護費や準要保護の補助金の中に給食費や教材費が含まれており，学校の必要経費はまかなえるようになっている。したがって，援助を受けているのに未納となる場合には，担任や給食費の事務担当者，もしくは校長より状況を説明し，払い込んでもらうよう指導が必要となる。

　子どもは関与できないことなので，保護者に対して指導しなくてはならない。場合によっては，保護者より同意書を取り，市区町村の役所より支給される給食費や教材費等についての補助金を，直接学校の口座に振り込んでもらうという手段も考えられる。

〈家庭の状況にかかわるもの〉

8 生活保護を受けている

> 生活保護は、国が程度に応じて最低限度の生活を保証し、生活を立て直す支援をする制度である。学校は人権に配慮し、子どもの将来を考えたかかわり方に配慮する。

▶ 日常から家庭の状況に配慮したかかわりをする

担任として、いつでも話を聞くという姿勢を大切にする。保護者会や個人面談、家庭訪問などの機会を利用してかかわりを深め、担任と保護者とのかかわり合いに高めたい。特別扱いにする必要はないが、何か相談したいことがもち上がった場合に、すぐに連絡を取り合える関係をつくっておくことが重要である。

ほかの保護者と顔を合わせたくなかったり、仕事の都合があったりして学校に来ることができないこともある。その場合は、空き時間を利用したり、家庭訪問をするなどして直接話をする工夫をする。また、直接会うことがむずかしい場合は、連絡帳や手紙を利用して、やりとりの工夫をする。

また、自分の家庭だけ注意をはらわれている、という印象を保護者に与えないように、年度初めに、年間を見通した行事予定や集金（教材費・遠足代・給食費・PTA会費ほか）の予定を記した表を、学級の全家庭に配布することも大切な配慮である。

▶ 子どもの生活に荒れなどがみられる場合
● 家庭の状況を把握する

子どもの言動や活動に家庭の状況が影響しているか、それが子ども自身に負の効果（自信がない、消極的、いじめられる、投げやり、乱暴など）をもたらしていないか見きわめる。

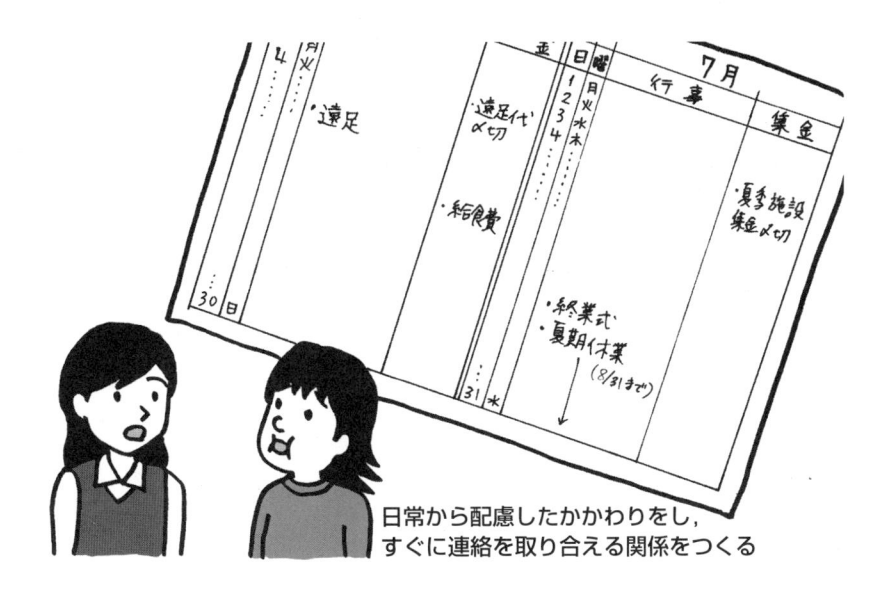

日常から配慮したかかわりをし，すぐに連絡を取り合える関係をつくる

- **子どもの状況をもとに，保護者とかかわる**

　子どものよさをほめることからかかわりを深めるように努める。かかわりを深めることによって子どもへの指導に関することを話すことができる。

関係機関と連携した対応

- **スクールカウンセラーと連携**

　校内での子どもの様子を，担任だけでなくスクールカウンセラー（以下SC）と連携して多面的に見とり，生徒指導に役立てる。直接子どもをSCにつなげたり，保護者にもSCに相談を促したりすることも考えられる。

- **民生委員との連携**

　家庭生活に荒れが見られる場合は，保護者に「地域の方にお手伝いしてもらってはどうですか」など，地域の民生委員を紹介し，生活改善のアドバイスを受けることも考えられる。

　秘密厳守と子どもの人権に配慮することを忘れてはならない。

〈家庭の状況にかかわるもの〉

⑨ 家庭がうまくいっていない

教師は家庭のプライバシーに関与しないのが原則であるが、子どもに影響がある場合は、指導の一環としてかかわらざるをえない。常に子どもの将来を考えた姿勢で対応する。

● 子どもの実態を把握し，保護者に伝える

専科の教師や養護教諭，スクールカウンセラーの意見も聞き，子どもの状態を把握する（よさ・可能性・心配点等）。そのうえで，子どもの様子を個人面談等で保護者に伝える。「真面目に勉強するのですが，1人でいることがあったり，沈んでいたりすることが気になります。A君のよい点が伸ばせればと考えています」と，子どものよい点や可能性，気になっている点を明確にして，指導方針を伝える。なかなか学校に来てもらえないときは手紙やメール等で連絡するが，できるだけ面接の機会をもつ。

● 子どもを中心にして保護者と話し合う

●子どもの気になっている点について話し合う

「立ち入った話で恐縮ですが，A君に家での様子を聞いたところ，『お母さんとあまり話さない』と言っておりました。学校でも，やや落ち着かないところがあり，気になっています。お子さんのために，学校でできることを考えたいと思います。家庭での様子はいかがでしょうか」と，原因について率直に話し合い，家庭の問題にふれるとともに自分の考えや子どもの思い（あらかじめ把握できていれば）を伝える。

●正常化をめざす努力を促す

「ご家庭でいろいろと大変かとは思いますが，A君がいま学校で落ち着かないように思います。大変なときに恐縮ですが，家庭でもお子さんとゆっくり話し合ったり，遊んだりしていただけることを願っています」と，

子どもの気になっている点を伝え，改善のために協力するという姿勢で話し合う

問題解決に向け，努力してもらうよう話す。ここに至るためには保護者との良好な関係をつくっておくことが肝要である。保護者の心を開くには，教師の子どもに対する思いや情熱が大切である。

第三者（関係機関）に相談することも視野に入れる

　家庭の問題には，DVなど学校では介入できないものも考えられる。場合によっては，民生委員や市区町村役所の福祉課，警察署，家庭裁判所等への相談をすすめることが考えられる。子どもに対する虐待等がみられる場合も同様であり，児童相談所に相談することもありうる。

　離婚や緊急避難という結果になったとき，子どもが学校にいる場合は，親権者等をしっかり確認し，子どもを気軽にほかの者に紹介したり，引き渡したりしてはならない。住所や電話番号についても同様である。緊急避難等で住所や学校等が変わる場合は，学校にもそれは知らされない。

〈家庭の状況にかかわるもの〉

10 単親（母子・父子）家庭

単親家庭では仕事のために，なかなか学校に来る時間をとることができない場合も多い。関係がとぎれないよう，教師が連絡の仕方や話し合いの場の工夫をする。

◗ 単親家庭の現状を理解する

子どもたち個々の生活の指導に関することや学習の支援，進路指導，家庭学習，長期休業日の過ごし方，不審者対応など，各家庭と連携・協力しなければならないことは大変多くなっている。その中でも単親家庭との連携は，時間的な理由で不足することが多いので，事情に合わせ，さまざまな場面で円滑に連携できるよう工夫して進めることが大切である。

◗ 連携のために連絡などを工夫する

保護者会や家庭訪問，個人面談などが連携の場面として考えられるが，単親家庭の保護者は時間的な都合で来校できないことがある。個々の状況と，時期をとらえて連絡をすることを忘れてはならない。

● 学級通信を工夫する

月に1回の定期的なものに限らず，できごとがあるたびに発行できるとよい。年度初めには，年間行事予定，集金予定（教材費・給食費・遠足代・PTA会費・諸積立金等）を示しておくとよい。また，保護者会後に話し合われたことなどを記録して，「お知らせ」として連絡するとその場の状況を確認できるという効果があるのでよい。

● 電話や手紙を日常的に使う

緊急時だけでなく，日常の連絡手段として使用することも考えられる。手紙などの場合，内容によっては子どもに聞かれたり見られたりしては困るものがあるので，手紙を入れて封をするなどの配慮を忘れてはならない。

第4章　気になる保護者への働きかけ

・時間を工夫する

連絡帳　手紙　学級通信　メール

連絡方法を工夫して連携ができるようにする

ときには，電話でじっくり話し合うことも有効である。
● **面談・訪問がしやすいよう工夫する**
　単親家庭の保護者は，働いていることが多く，時間の都合をつけにくい。決められた行事予定としての個人面談や家庭訪問の期間や時間に限らずに，空き時間を使ったり，例外的に時間外に設定したりして，必ずかかわりがもてるよう配慮する。

生活面で困難がある場合のかかわりについて

　経済的な支援などが必要なときは，都道府県，市区町村役所などのもよりの役所を紹介し，福祉課などの関係機関につなげることも考えられる。保護者とは心の通うかかわり合いを心がけ，常に子どものよき成長を願い，話をしなければならない。どの子どももかけがえのない存在として可能性をもっているという教師としての熱い信念を土台にして接していきたい。

〈家庭の状況にかかわるもの〉

11 家庭内暴力がある

家庭内暴力には、さまざまな疾患や心の不安定な状態が伴う。暴力行為を力ずくで押さえ込んでも問題の解決にはならない。専門的な診察や医療的な診断が必要になる。

子どもからの家庭内暴力のパターン

子どもにみられる家庭内暴力は、保護者からの訴えによって初めてわかることが少なくない。子どもの状況を見きわめた対応が求められる。

- **家庭の中だけでの暴力**：学校の成績や生活態度は問題ないのに、家庭の中では家族（特に母親や祖母）にわがままを言い、受け入れないと次第に暴力的になっていくケースが多い。
- **不登校などから始まる暴力**：「学校に行こうと思っていても行けない」など、子ども自身の心の葛藤のはけ口を家族にぶつける場合である。子どもに対して「学校に行きなさい。なまけ者」など強圧的な態度をとる家族に対して不安感から暴力を振るうことが多い。
- **非行などから始まる暴力**：学校をさぼり、集団的な非行を繰り返すうちに家族に対して反抗的になり、横暴なふるまいを家庭でも行うケース。

子どもの家庭内暴力への対応

子どもの家庭内暴力は外からはみえにくく、その背景や子どもの心理的なものを把握するのはむずかしい。保護者からの訴えがあった場合には、保護者や家族が早く専門的な相談機関への相談ができるよう橋渡しをするとともに、学校も家庭を支えていく姿勢を示すことが大切である。

ただし、非行に伴う暴力には、児童相談所や警察などの機関の介入が必要である。保護者が相談を迷う場合でも、解決のためには毅然とした態度で臨むことが大切であることを伝える。

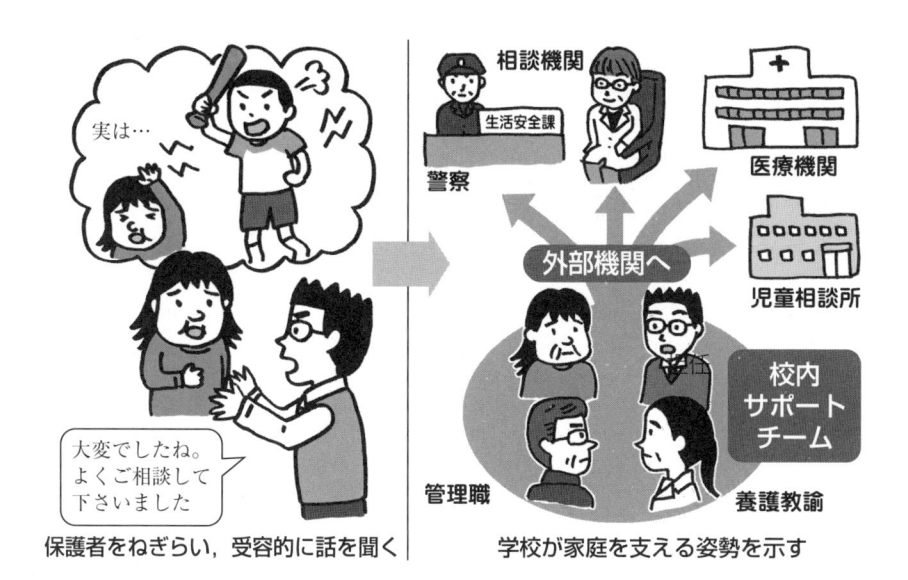

家族から子どもへの家庭内暴力への対応

家族からの子どもへの暴力的な行為は，「児童虐待」につながる（→P.76）。体への直接的な暴力行為，言葉などによる心理的な暴力，十分な養育をしないネグレクト（育児放棄），性的な暴力などがある。子どもが虐待を受けていることを発見した場合，児童相談所への通告の義務がある。

家庭内暴力を行う保護者に対しては，事実を正確に把握し，早期に対応する。特に，急におとなしくなる，保護者のことを不自然にかばう，体にあざや傷がある，教師を気づかうようになるなどの言動に留意する。

また，保護者間（父親から母親の場合が多い）の暴力は，目の前で見ている子どもにも深刻な影響を及ぼす。例えば，チック症状が現れたり，子ども自身が急に暴力行為を働くようになったり，不登校傾向になったりすることがある。子どもの急激な変容がある場合には，保護者からの話を聞き，共に解決していこうという姿勢を示すことが大切である。

〈保護者の状況にかかわるもの〉
12 保護者に精神的な不安がみられる

保護者の精神的な不安度が高い場合，対応を誤ると一挙に状況や保護者との関係が悪化することが考えられる。状況を見きわめ，専門家の助言などを得ながら対応する。

● 精神的な障害による児童虐待が考えられる場合

保護者が精神的に病んでいたり何らかの障害があったりして子どもの養育ができない場合がある。このような状況は，子どもの成長に重大な影響を与える。保護者の問題意識が低かったり，子どもが本当のことを語らなかったりするので，保護者と子どもの様子をよく観察し，慎重に対応する。

●関係機関と連携して見きわめる

地域の民生委員や町会等の協力を得て，子どもの状況を把握する。程度によっては，保護者を児童相談所などの専門機関に紹介する必要がある。統合失調症やうつ病などの場合には，一般的に治療効果が高いといわれている。関係者の協力を得ながら受診をすすめることが必要である。

●子どもを中心にして対応する

学校が保護者の非を責めても，問題は解決しない。教師は「子どものことを心配している。学校としてできるかぎりのことはする」という姿勢で保護者と話し合い，早寝・早起きや食事，あいさつなど身近なことから，子どものケアを向上させる方法を話し合うことが大切である。

● 過度に攻撃的な姿勢がみられる場合

性格的な偏りがみられる保護者は，周囲を自分の思いどおりにしようと，批判したり暴言を言ったりすることがある。また，子どものことを話し合っている場面で自分を批判されていると感じ，過度に攻撃的な態度をとることもある。保護者の人間関係のもち方や精神状態の安定具合いを踏ま

え「お母さんは,『担任はわが子ばかり注意する』とお感じになっているのですね。担任は周りの子どもも含めて指導しています。指導の仕方を理解していただけると助かります」など,あくまで子どもの安全や成長に関して,保護者の思いに共感しながら共に考える姿勢をとることが大切である。

常に関係機関との連携を心がける

保護者の精神的な不安度が高い場合には,学校だけの対応には限界がある。子どもを保護するという観点で,保護者の状況を把握し,関係する機関との連携を図っていくことが必要になる。その際には,学校とその機関の担当者との意志疎通を図っておくことが大切である。

また,保護者とのコミュニケーションを密にとる必要もある。保護者の様子に違和感を感じた場合でも,日ごろから教師の側で,オープンに話せる雰囲気や場をつくり,人間関係や信頼関係を築いておく必要がある。

〈保護者の状況にかかわるもの〉
13 保護者に身体障害がある・入院している

> 保護者に身体障害があったり，入院したりしている場合，授業参観などの場面で，配慮する必要がある。関係が築きにくくなるようなことがないよう，関係機関と連携しつつ対応する。

● 保護者に身体障害がある場合

　保護者に身体障害がある場合，授業参観や保護者会，個人面談などの機会に来校してもらいにくいことが考えられる。来校をお願いする場合は，個々の障害の状況に応じた配慮をする。場合によっては，教師から出向く必要もある。また，授業参観などでは安心して見られる場所を確保する。

● 保護者が入院している場合

　保護者が急に入院する事態になった場合には，家庭ではその対応に追われ，子どもを含めて不安定な状態になることが予想される。保護者の状況を理解したうえで，子どもの学校生活を含めて心の安定を図るような働きかけを行うことが大切である。

　保護者からの連絡で，入院がわかった場合には家族に直接連絡を取って，入院の期間や入院先，入院中に子どもの面倒をみる方，あるいは緊急の連絡先などを，失礼のないように聞くことが大切である。また，入院中，保護者の代理人がいる場合には，保護者からその方との連絡を取ってもらい，早急に連絡を取り合っておく。ときには子どもが施設への短期入所ということもあるので保護者の意向を確かめる必要がある。

　また，入院中の子どもの生活についても，予想される事態を話し合い，「Aくんは入院中，どうする予定でしょうか。学校でお手伝いさせていただくことはありますか」など，子どもの生活についての保護者の願いや希望を聞き取る。

第4章　気になる保護者への働きかけ

● 個人面談では…
● 入院時の保護者は…
● 授業参観では…
● 子どもの学校生活は…

状況に応じて配慮した対応をする

　入院が長期にわたる場合には，家庭との連絡をきめ細かく行い，子どもの学校生活に支障がないようにすることが大切である。経済的な問題が予想される場合は，学校から福祉関係の機関への相談をすすめることもある。

必要に応じて関係機関と連携する

　保護者に身体障害があったり，急な入院などの場合には，必要によっては福祉関係の機関や医療機関との連携が必要になる。
　学校としては，子どもの学校生活の安定を図るうえで，保護者と適宜連絡を取り合いながら保護者の思いを理解していくことが大切である。そして，保護者の承諾を得たうえで，関係機関との連携を図っていく。その際，学校を含めてそれぞれの機関がその家庭を支えるためにできることを明確に示す必要がある。学校は，それぞれの機関の担当者と連絡を取り合い，子どもの学校生活の安定を図る。状況によっては，子どもを含めてスクールカウンセラーの対応も考えておく。

〈保護者の状況にかかわるもの〉

14 宗教上の理由で行事に参加させない

> 信教の自由は憲法で保障されている。宗教上の理由から学校行事等に参加させない保護者に無理強いはできない。ただし，学校側はその宗旨に合わせられないことも説明する。

● 信教の自由は日本国憲法で保障されている

まず，信教の自由は個人の権利であり，強制できないことを念頭におく。

- **日本国憲法第19条**：思想及び良心の自由は，これを侵してはならない。
- **日本国憲法第20条**：信教の自由は，何人に対してもこれを保障する。いかなる宗教団体も，国から特権を受け，または政治上の権力を行使してはならない。（第2項以下略）

● 宗教上の理由から学校行事に参加しない（事例）

- **運動会の種目に参加しない**

暴力行為のすべてを否定する家庭で育った5年生のAさんは，運動会の高学年団体種目「騎馬戦」への参加を拒否してきた。当該校では例年，高学年の団体種目は「騎馬戦」が恒例となっているため，種目の変更は不可能であった。担任は保護者と面談し，「騎馬」を組まない代わりに応援旗をもって種目に参加するように説得したが，拒否された。当日は，自席で見学をした（短距離走，組体操には参加）。

- **給食の食材を拒否**

菜食主義で育った1年生のBさんは，入学後の給食後も菜食主義を変更することがなく，別献立を要望してきた。学校では，アレルギー対応として食材の除去はできるが，限られた学校調理員での別献立作成は不可能であると回答した。話し合いの結果，弁当を持参することで合意した。

無理強いせず，話し合って対応を決める　　公教育の姿勢はくずさない

学校と家庭との信頼関係を築くことが大切

● **無理強いをしない**

　宗教上の理由で学校行事等に参加しない背景は保護者からの要望によるものが多い。当該の子どもに参加を強制することは，学校と保護者の意見や考え方の違いが明らかになり，子どもの混乱を招くことにつながるので無理強いをしない。参加を打診して断られた場合は，「では，見学という方法をとらせていただきますが，よろしいでしょうか」と保護者と合意形成し，その間子どもはどうするかについて話し合っておく。

● **公教育の姿勢はくずさない**

　たとえ宗教上の理由であっても，行事や内容等を否定する発言・行為等は，公教育の立場から決して認めることのないようにする。例えば，「修学旅行での神社参拝を日程に含まないでほしい」等の要求があった場合，「学校行事の指導の1つとして，例年実施してきました。ご要望はわかりますが，日程から削ることはできません」と，明確に説明する。

〈保護者の状況にかかわるもの〉

15 在日外国人の保護者

保護者が外国人である場合，当該の子どもや保護者がもつ生活・文化等についての正しい理解と認識をもって対応にあたる。また，担任一人での対応はむずかしいので，必ず複数で対応する。

◉ 日本の教育制度について理解を求める

　保護者が外国人である場合，日本の教育制度について知識がないことが考えられる。どのような習慣で行っており，何が必要で，子どもに対してはどのような指導を行うか，保護者にはどのような協力をお願いしたいかなどていねいに説明する。在日外国人が多い自治体では，行政が用意した冊子等があるので，それらを参考にして学校教育のあり方を説明する。

　また，言葉の問題が生じることが多いので，保護者の母国語を話せる人に同席してもらうとよい。

◉ 滞在地や期間などを確認し，保護者の要望を聞く

　日本での滞在期間は，長期なのか，短期なのかを確認する。また，保護者が学校に対してどのような要望をもっているのかについても，ていねいに聞き取る。

　最も短い滞在は，海外の学校制度との関係で6月から9月までの滞在希望が多い。この場合，夏期休業中の学校行事への参加の希望を確認し，参加費用や活動内容を十分に説明し，準備をお願いする。

　また，長期滞在の場合，進路進学の希望についての確認が必要である。進学学校の選択については，所轄の教育委員会と十分に連絡を取る。

◉ 質問や連絡を受け付ける手段を確保する

　習慣が異なるため，特に大きな問題ではなくても，日常的に疑問が生じ

ることが予想される。言葉が通じない場合，担任一人での対応はむずかしいので，校内でも対応できる体制を整えておく。「通訳ボランティアシステム」を導入している地域もあるので，在日外国人対応担当者との連絡を取ることが必要である。

日本の慣習に合わない習慣について，合意し，互いに理解を深める

　日本の慣習に合わない習慣をもっている可能性も考えられる（例：給食システム，ピアスの着用，染髪など）。校則等で認められない場合は，「子どもとの約束で，学校ではしてはいけないことになっています。学校にいる間だけご協力をお願いします」と，学校の立場を主張して理解を求める。また，食生活の習慣上，給食を食べない場合は，弁当の持参を求める。

　さらに，クッキング教室や遊びの紹介など，交流活動の講師として当該の保護者を招き，言葉や習慣の違いについて保護者間や子ども同士の理解を深めるなどの工夫も大切である。

第5章

保護者からの訴えへの対応

〈学校・学級内の人間関係をめぐって〉
1 いじめられた
2 不登校になった
3 けんかをした
4 けがをさせられた
5 あの子と同じクラスにしないで
6 あの親は非常識で困る

〈学校・教師の指導に対して〉
7 学習指導・宿題の出し方に異議がある
8 成績評定に納得できない
9 学級経営に不満がある
10 部活動について要望がある
11 生徒指導に納得できない
12 校則に納得できない
13 教師を軽視する・否定する
14 担任を代えてほしい・指定したい
15 学校を信頼できない・不信を抱いている

〈学校・学級内の人間関係をめぐって〉

1 いじめられた

いじめ被害は，子どもはもちろんのこと保護者にとってもいたたまれない。心情的なつらさを十分に聴き，事実関係を的確に把握し，いじめ根絶に向けたねばり強い対応が必要である。

いじめを理解する

● 「いじめ」とは？

　いじめは，「①自分より弱いものに対して一方的に，②身体的・心理的な攻撃を継続的に加え，③相手が深刻な苦痛を感じているものである。なお，起こった場所は学校の内外を問わないこととする」（文部科学省が毎年実施している生徒指導に関する調査によるいじめの定義より）。

　力関係の差異，継続的な攻撃，深刻な苦痛の３点が主たるいじめ行為の要件である。特に中学１・２年生で起きやすく，学校段階が変わる・友人関係が多様化する・思春期で不安定になるなどの状況に呼応して起きる。

● 「いじめは絶対に許さない」という認識をもつ

　いじめることは人間として許されない，との自覚をもって子どもたちや保護者に対応することである。加害側の子どもをはじめ，すべての者に「少しぐらい，いじめてもいい」「大したことではない」「大人も甘くみている」「よくあること」などの感覚があってはならない。

　毅然とした態度，見識，思慮深さ，そして万人に保証される人権侵害を許さない考えが必要である。いじめ行為は，被害者・加害者を問わず，その人の将来にわたる生き方や心の内面を深く傷つけるものである。不登校やうつ的症状の要因になることもある。

● 具体的ないじめ行為とは？

　具体的には，右表に示した①〜⑤の例がいじめ行為にあたる。どれも保護者にとってはいたたまれない感情になることを理解した対応が重要であ

いじめ行為

・仲間はずれ
・からかい
・いやがらせ

①からかい	冷やかす，うわさをする，あざ笑う，嫌なあだ名を言うなど
②仲間はずれ	無視する，返事をしない，一緒に遊ばない，口をきかないなど
③いやがらせ	落書きをする，物を隠す，プロレスごっこ，使い走りなど
④おどし	お金や物をとる，物を無理に売りつける，無理におごらせるなど
⑤暴力	なぐる・ける，リンチする，遊びに見せかけて乱暴するなど

る。
　特に，①②③などは小学校の低・中学年に多くみられ，③④⑤などは高学年から中学生にみられる。また，女子では小・中学生とも①②や「親切の押しつけ」などがみられ，いじめとして表面化しないことがある。

教師として，責任ある受けとめ方をする

　まず，訴えている保護者の話に耳を傾ける。カウンセリング感覚を大切にしたあたたかいかかわりをすることである。ここには「カウンセラーとしての教師」の存在が求められる。被害の子どもとその親は，原因はとも

いじめへの対応

- 事実を把握する

「周りから悪口を言われるのですね」

「そうですね　それは本当にお辛いですよね」

- 共感的に受けとめる

保護者の気持ちに寄り添って対応する

かくいじめの残忍さと理不尽さ，悔しさに苦しんでいる。

　子どもと保護者の傷ついた心を聞くことである。「そうですね」「そのようないじめを受けたら，つらいですよね」などと，苦しんでいる感情に寄り添う。そして，「無視されているのですね」「集団でなぐられたのですね」など具体的ないじめの事実をしっかり把握することである。

　同じような行為でも受け取り方で「いじめ」といえない，あとの仕返しが怖いなどの理由でその事実を隠すことがある。また，いじめられていることが恥ずかしい，子どものプライドが傷つく，などとして詳しく言わないことがある（特に中学生）。訴えてくれた保護者の勇気と行動に謝意を表し，そのつらさを一緒に悩むことが教師としての責務である。

再発防止策を示す——思いやりと正義感の指導

　訴える保護者は「二度とこのようないじめがないように子どもたちを見てください」との強い思いをもつ。この点を教師として重大に受けとめた

いじめのサイン

い。この理解が，日々の予防的指導につながっていく。子どもたちが感謝と思いやりの心をもち，だれに対しても公正・公平に接し，偏見や差別のない学校生活をしている事実を保護者に説明する。そして，それへの協力も求めたい。具体的には，道徳でのロールプレイ，学校行事でのグループ体験，友達のよさを学び合うなどの学習場面を例示して，指導と対応のあり方を一緒に話し合うことである。

また，以下のいじめサイン(例)の早期発見に努めることを伝える。

①休み時間や放課後など一人でぽつんとしている。
②泣いたり沈んだりしている子がいても，周りの子が無視している。
③登校を渋ったり，特定の教科の授業を休んだりする。
④保健室や教育相談室に行くことが多い。
⑤カバンや学用品，靴や傘などが隠されたり傷つけられたりしている。
⑥教科書やノート，机・黒板・壁などに落書きや傷がある。
⑦不必要な物を持っていたり，服装が汚れたりしている。

〈学校・学級内の人間関係をめぐって〉

2 不登校になった

不登校の訴えは，いじめ被害や学業不振などが直接的である。しかし，親子関係の不安定さや本人の情緒未発達などによることも少なくない。状況を見きわめた援助が必要である。

不登校を理解する

● 「不登校」とは？

　一般に，何らかの要因があって，学校に登校しない状況を不登校という。
　文部科学省の学校基本調査においては，「何らかの心理的，情緒的，身体的あるいは社会的要因・背景により，登校しないあるいはしたくともできない状況にあるため年間30日以上欠席した者のうち，病気や経済的な理由による者を除いたもの」と，定義している。
　この状況を表現する言葉として，＜学校に行けない状態＞のとらえ方・考え方などによって，これまで「ずる休み」「学校恐怖症」（School phobia）や「学校ぎらい」「登校拒否」などの言葉も使われてきている。文部科学省では，平成10年12月から「不登校」を用いている。

● 不登校の理由──状況を理解した援助

　不登校は，一時的な休みではなく長期化・継続化する。おもな理由は右図に示した①〜⑤のようなタイプがあり，その理解と援助も困難な場合が少なくない。

● 最も多い「不安・情緒的混乱」タイプの経過

　このタイプは，学校に行かなくてはならないとして，本人なりに努力する。それだけに，親子で精神的に苦しむ。一般に，神経症的不登校ともいわれ，朝になると頭痛や吐き気，発熱などの身体不調を訴える。前の晩には，学習用具を整え，登校の準備をすっかり済ませるのに朝になるとグズグズする。また，登校刺激にも過敏に反応し，少しでも強要されると気分

不登校の理由	
①学校生活上の影響	いじめや暴力行為をする子どもの存在，教師との関係の不和，勉強をしたくない
②あそび・非行	学校以外での遊びや非行グループとのつきあい
③無気力	なんとなく登校しない，不登校への罪悪感が少ない，催促すると一時的には登校するが長続きしない
④不安など情緒的混乱	身体の不調や漠然とした不安を訴える，不安による情緒的な混乱によって登校しない・できない
⑤複合	理由が複合していて，いずれが主であるかを決めがたい

が不安定になり，反抗したり暴力を振るったりする。自室に閉じ込もることもある。学校に行かないことへの後ろめたさを感じる場合も少なくない。段階的な実態として，不登校傾向 → 登校の努力 → 心理的負担 → 閉じ込もり → 親子関係の不和 → 家庭内暴力などの経緯をたどることがある。

保護者からの訴えへの援助
●保護者の気持ちを受けとめ，状況への理解を深める

　不登校にかかわる教師や親が，学校に行けない状況につきあい，待つことが基本的な援助である。「行きたくない」とする子どもに，保護者は共に悩むものである。「お子さんにグズられると，困りますね」「学校には行かせなくては…とあせりますね」など，保護者の気持ちを受けとめることを重視する。無理に登校を求める登校刺激は，マイナス効果になりやすい。親子にある生活習慣のくずれ，人間関係の歪み，学習意欲の減退，体の不調などを理解したい。

〈学校・学級内の人間関係をめぐって〉**2** 不登校になった

不登校時の援助の3原則

今日は係の仕事を一緒にしてみようか

①関係を切らない　②あたたかさを保つ　③事態に関心を寄せる

● 援助の3原則——保護者との関係性と安心感のために

　①関係を切らない，②あたたかさを保つ，③事態に関心を寄せる，という3つがその基本である。例えば，学校だより，学習プリント，行事のお知らせなどを届ける。ときどき家庭訪問をする。また，登校したときに「係の仕事を一緒にしよう」「こんな勉強をしているよ」などの言葉をかける。さらに，校長が保護者と話す，保健室登校を援助する，スクールカウンセラーによる専門的なカウンセリングなどである。

) 再登校への援助——保護者と子どものよさに気づき合う

　子どもが自己を確立していく過程で，「なんとなく学校に行きたくない」という意識が起こることがある。そこには，学校生活の疲れ，友達や保護者・教師への気づかいなどがみられる。このことを「わかる姿勢」が，保護者を支える力になる。子どもにとっては，友人関係のもつ意味や教師の授業に対する構えなどが大きく影響する。

第5章　保護者からの訴えへの対応

再登校への援助

今日はちょっと行きたくない気分なんだね

うーん…何だかぼーっとして…

子どもの状況をわかり，話をよく聞く

Aくんは細かい所もよく見ているね　おかげで教室がキレイになったよ

子どもの「よさ」に気づき認め，励ます

先生が，Aは最近元気よくあいさつができてるって言ってたよ

親子で話し合ってもらう

　例えば，予防と早期発見に向けて，「君の言っていることはこういうことだね」などと子どもの話をよく聴く機会を多くする，一人一人の性格特性を踏まえた個別的なかかわりを重視する，子どもが自ら工夫できる学習課題を設定する，みんなで助け合うグループ学習を行うなどが大切である。

　そして，子どもの「よさ」に気づき，認め・励ますことである。子どもの言動を肯定的にみることであり，子どもの自己成長力を信頼することである。保護者と教師が，子どもの好ましい変化に気づき，小さなことでも自立のプロセスであるとの受けとめをするとき，子どもは自らの課題を自力で乗り越えていく。

　特に，朝早く起きられるようになった，遅刻しなくなった，友達と明るく話すようになったなどの変化に気づき保護者と分かち合う。そして，この事実を子どもと語り合い，保護者ともその成長を喜び合う。このことが，その子の「生きよう」「変わろう」とするエネルギーになる。

〈学校・学級内の人間関係をめぐって〉

3 けんかをした

「子どものけんかに、親は口出しをしない」。訴えの発生には、この鉄則のくずれがある。わが子への暴力やいじめと受けとめていることがある。互いの立場をわかり合う対応をする。

◗ けんかについて保護者が抱く誤解を知っておく

保護者が子どものけんかを訴える場合、その事態を「いじめ」や「暴力」の被害者であると認識していることがある。けんかは、双方の力関係が拮抗していて、互いに言葉や手出しによる「やりとり」がある。双方にそれなりの言い分がある。相手を一方的に侵害するいじめや体を傷つける暴力とは、それに至る関係が異なっている。対等の立場において発生するのがけんかである。ゆえに、「けんか両成敗論」が成り立つのである。

◗ けんかの功罪——保護者への説得のために

● 子どもの成長に必要なかかわり

けんかの意味を上記のように考えると、子どもが相手（友人）と対等の立場になれるよい機会である。子どもが自己理解と他者理解のバランスを学ぶ一つの場である。けんかには、わがままを制御する機能がある。

● 「ゆるし」の大切さ

けんか体験によって対等の力関係がわかると、けんかに至った自らの非と双方の攻撃（やりとり）に納得する。ここにわく感情が、「ゆるし（赦）」である。この気づきを保護者自身がわかることが大切である。すると、子どもたち双方も、罪意識から解放され、反省心もみられる。

● 新たな関係性の構築

けんかには、「雨降って地固まる」の様相がある。けんか自体は避けたいものであるが、それによって相手の新しい面を知ることがある。けんか

第5章 保護者からの訴えへの対応

けんか ⇔違う⇔ いじめ

ごめんね　ごめん，私も言いすぎた

互いに謝り，ゆるし合うことが大切

を一つのコミュニケーションと考えれば，その「功」が見えてくる。そして，互いにステップアップしたかかわりがつくれるようになる。

保護者への対応上の留意点

● クレームの内容をよく聞く

「お子さんが，一方的になぐられたことが不満なんですね」などと，保護者の感情や訴えの意図を聞く。この対応で，わが子に生じている理不尽さを保護者自身が受けとめる幅の大きさもみられるようになる。

● 「どうありたいのか」をわかる

上記のように，保護者のつらさを十分に受容した後，「どうしてほしいのか？」を問いかけたい。そして，その方向性を一緒に見いだすことである。

● 「仲直り」の方法を考え合う

保護者の心の納めどころに気づき合うことである。その一つが，子ども同士の仲直りである。この機会が，より新しい関係性を構築する力になる。

117

〈学校・学級内の人間関係をめぐって〉

4 けがをさせられた

> けが被害の訴えは，その状況や程度によって多様である。対応も異なる。けがそのものの不憫さとともに，精神的な苦痛を訴える場合がある。両面の完治をめざして対応する。

◗ 訴えを理解し，事実を正確に把握する

●事実関係の照合

　まず，訴えの内容を的確に聴取する。教育活動中のけがであれば，その状況等を教師が把握しているケースが多い。保護者の話と状況との事実関係，けがの程度などを総合的に判断して訴えを受けとめることである。

●けが発生の要因

　例えば，①子ども同士のけんかや暴力行為による，②体育や行事等の学習中の事故による，③子ども自身の不注意による，などである。保護者の訴えは，①②による「被害者意識」が強いケースがおもである。その相手の行為や状況への不備を訴え，正当性のある対処を求めている。

◗ 説明責任を果たす

●状況を説明する

　けがを負ったことへの気づかいと配慮を最優先する。いわゆる「誠意ある対応」に努めることである。その際，①状況に応じた謝罪をする，②主訴をよく聴く，③事実の経緯を説明する，④対応・措置の展開を話す，⑤学校としての見解を示す，などの具体策が不可欠である。

●けがの手当てについて説明する

　特に，眼にボールが当たった，腕を骨折した，頭を強打したなどの場合，その応急処置をだれがどのようにしたか，医療機関等とどのように連携したかなどについて，迅速な動きが心身両面の傷を手当てすることになる。

① 状況に応じた謝罪
体育の時間に転倒して，手をひねったようです。こちらの監督が行き届かず，本当に申し訳ありません

⑤ 学校としての見解を示す
担当教師がよく見ることはもちろん，試合中もよく周りを見て行動するよう指導したいと思います

ケガの要因
① 子ども同士のけんか
② 行事中の事故
③ 子どもの不注意

② 主訴をよく聞く
B君がぶつかってきたのが原因とお考えなのですね

④ 対応，措置を説明する
A君が転んだので，すぐ試合を中止し，保健室で応急手当をしました。骨に異常があることも考えられたので，担任が付き添い，学校医に診せ処置しました。

③ 事実の経緯を説明する
B君は，ボールをよけようと動いたためで，故意にぶつかったのではありません

保護者への対応上の留意点

● けがの治癒を気づかう

治癒の状況を十分に見舞う。応急対応とともに，アフターケアに心をくだくことである。子ども自身に，「けがしたところ，どう？」などと担任や養護教諭等が折にふれて声をかけることである。

● 再発防止対応を伝える

訴えを行う保護者の気持ちとしては，二度とこのようなことを繰り返してほしくないとの思いが強い。学校として，子どもへの安全指導を最優先することを伝える。例えば，日々の安全点検の徹底，子どもたちへの指導，教員研修の充実などである。

● 関係者等へも報告していることを伝える

例えば，校長が訴えの事実を把握していること，教育委員会にも報告し指導を受けていることなどである。また，PTA役員や学校評議員等にも事実を伝えることを望む保護者もいる。必要に応じて対応したい。

〈学校・学級内の人間関係をめぐって〉

5 あの子と同じクラスにしないで

学級編成を保護者や子どもの意思で左右することは不可能である。問題の本質である，級友との関係を改善する対応を考えたい。

▶ 訴えてくる保護者の本心を聞く

このような訴えは，保護者がわが子と級友の関係に危機感を抱いてのことが多い。例えば，執拗にいじめられた，けんかのわだかまりがある，などである。訴えの理由はいろいろだが，わが子のおかれた状況に保護者が耐えられないのである。その内容を受け入れ，ていねいな対応をするプロセスにおいて保護者自身が安心して本音を語れるようにかかわる。

▶ 訴えを聞き入れることが有効かを考える

● その背景に，例えば「いじめ」がある

単に，訴えのままに対応すると，本質的な問題解決を見逃してしまう。いじめがあるとすれば，その解決に焦点を当てることが先決である。それが深刻な場合，不登校に陥ったり精神的な不適応を起こしたりする。

● その子だけのための学級がえは，公平さを欠く

校長の判断によっては，学級編成に関する教育的配慮がなされることがある。例えば，このままでは学級が崩壊してしまう，子どもの精神的な苦痛が深刻化する場合などである。しかし，あくまで特例である。訴えがあったとして，学級編成がえをする解決方法は一般的に考えられない。

▶ 保護者への対応上の留意点

● 訴えざるをえない内なる状況を理解する

「あの子と一緒にしないでほしい」とするほどの悩みの深さであること

- 保護者の苦しみを理解する
  - お子さんが乱暴されることがご心配なのですね
- Aくんと同じクラスは困りますいつも乱暴だし…
- 公平に扱う
  - 学級編成ではどの子も公平に扱う必要があります
- 子どもの問題・問題の本質を見逃さない
  - Aくんが乱暴をするかもしれないということがご心配なのですね。私はいじめや暴力は絶対に許しません
- 子どもを犠牲にしない
  - BさんがAくんを怖がっているのなら，それを解決したいと思います。お時間をいただけますか

本質的な問題を認識し，解決に取り組む

を理解する。ここには，「そうですね」「そのことが悩みなのですね」など，保護者の気持ちを受けとめる言葉かけが不可欠である。この受容感の体得が，保護者の気持ちのもち方や我慢のしどころを形づくる。そして，ここでのエネルギーが本質的な問題の理解を促す力量になる。

● 一体感のある問題解決を模索する

　その場しのぎの安易な対応は，学校運営や学級経営の基盤を揺るがす結果になりやすい。文句を言えば何とかなる，という風潮が生まれる。保護者の話を聞きつつ，じっくり一緒に考え合う対応が信頼感を得る。そのプロセスが，保護者の自己解決力や学校との一体感をはぐくむ。

● 子ども同士の関係修復を最優先する

　この方向性がみられないと，子ども自身が生き方を見失うことになる。学級での人間関係づくりやその子へのカウンセリングなどを通して，子ども同士のわだかまりを少しずつ解消することである。この困難さに教師が心をくだくことである。子どもを犠牲にすることがあってはならない。

〈学校・学級内の人間関係をめぐって〉

6 あの親は非常識で困る

保護者間のトラブルに、教師が関与することはむずかしい。訴えを受けとめながら、聴いて待つ対応が基本である。その保護者の一方的な思い込みや誤解であることも少なくない。

▶ 教師に訴えてくる意味を聴く

このことが教師にできうる結論的な対応である。ほかの保護者に対する訴えには、「子どもがいじめられた。親のしつけが悪い」「PTA活動で、わがままな動きをする」「事実無根のうわさを流す」など、その保護者からの被害や一方的な感情的投影などがおもである。そこにある「わだかまり」を相手の保護者に直接言えないから、教師の援助を求めるのである。

▶ 迷惑ととらえず、当事者間で解決できるようし向ける

日々多忙な教師の仕事にあって、「ほかの保護者への苦情を学校にもち込むな！」と思うだろうか。または、保護者同士の関係を理解するよいチャンスと考えるのか。少なくとも、そのトラブルを引き取って、教師が解決することは本意ではない。その仲裁の役（聴き、待つこと）をしながら、訴えの内容を和らげることに徹する。目的は、当の保護者自身が問題の意味を自己理解し、相手の保護者との確執をとくことである。

▶ カウンセリングの考えを生かす対応をする

● **訴えてくる感情に寄り添う**

「保護者と共通の問題意識はもつ。しかし、その中身を引き取ることはできない」という理解が基本である。保護者の主体性を重視する。「そうなんですね」「うーん。なるほど…」という言葉を共有し合うことである。

聞き役に徹し，訴えてくる
感情に寄り添う

互いの確執がとけるよう，
仲介の役をつとめる

- 内面を言語化
  ○○のことが
  お嫌なんですね
- 方向性の提示
  ××してみては
  いかがでしょうか
- 子どもの変容の明示
  最近Bさんは
  △△になって
  きていますよ

Aさんはいじめ
をしている
親のしつけが悪
いから…

あそこの親は
PTAでもいつ
もわがままで
困るんですよ

うーん，
そうなんですか

なるほど…

- **当の保護者と一緒に考える**
  思考や認識のズレに，保護者が気づくようにかかわる。具体的には，訴えを傾聴し，「それが嫌なのですね」「つらい思いをしましたね」「文句を言いたくなりますね」など，保護者の内心を代弁するように言語化する。
- **保護者自身が対応の見通しをもつ**
  例えば，「このような考えはいかがでしょう」などの見通しを例示する。ここでは，訴えに即した専門性のあるコメント力が求められる。その際，事態をどのように考えるのか，保護者の気持ちをどう理解したか，どのような糸口があるのかなどを明らかにすることである。
- **子どもの変容を具体化する**
  その内容が子どもの問題であれば，子どもが楽しく登校する，学校行事で活躍する，学習習慣が身につく，などが事態好転の何よりの証になる。これらは，それまでの保護者の思い込みや相手への不信・不満を一蹴するところがある。子どもの姿に，真実が見えることが少なくない。

〈学校・教師の指導に対して〉

7 学習指導・宿題の出し方に異議がある

「宿題をたくさん出してほしい」、逆に「宿題の出しすぎだ」など、学習指導への要求がされることがある。日常からどのような意図で指導するかを明確にし、それに即した説明が重要。

▶ 学習指導に対する保護者の思いを理解する
● 「専門職としての教師の力量」が厳しく問われている
　昨今、学力低下が騒がれているが、子どもたちの学力低下は、教科を指導する教師に問題があるのではと疑問を抱いている保護者が多い。教師は自己を磨くための努力を継続する。
● 進学に十分な学力を身につけてほしいと望んでいる
　保護者の中には、進路や受験のことを考えて「もっと受験に直接役立つ指導を重視すべきだ」という意見をもつ保護者も多い。

▶ 学習指導についての基本的な考えを定め、保護者に伝える
● 学校教育には、知識だけでなく、人間形成にとって大切なものがあることを明示する
　保護者の多くは、わが子が知識をたくさん習得し、希望の学校に合格できることを望んでいる。しかし「教育には別の大切な面（思考力・判断力・表現力）もあります」と、あらゆる機会をつかんでていねいに説明する。
　学校での学習指導では、「基礎・基本を確実に身につけ、それをもとに課題を見つけ、自ら学び、自ら考え、主体的に判断し、よりよく問題を解決する能力の育成」をめざしている。保護者に理解してもらうまで何回でも説明することを忘れない。
● 子どもに基礎的・基本的な事項を確実に身につけさせる
　「義務教育では学年に応じ、『読み・書き・計算』を確実に身につけさせ

第5章 保護者からの訴えへの対応

学習指導・宿題の意義と考え方

（教師）子ども一人一人に基礎的・基本的な知識を確実に身につけさせたい

宿題 反復練習の習慣化

（保護者）知識を身につけ希望の学校へ行ってほしい

ることが重要です。そのために指導の工夫を行うとともに，反復練習が必要なため適量の宿題を出しています」と保護者にもよく説明する。
● **各教師は，「確かな学力」の向上をめざし教科指導に全力を尽くす**
　「教師は授業で勝負する」といわれる。「私たちはわかる授業の実践と子どもたちに『できた喜び』を味わわせるために全力を尽くしています」と具体的な授業の様子や，気をつけているポイントをあげて説明する。

宿題の教育的意義を踏まえておく
● **宿題は，子ども一人一人の学習習慣化に役立つ**
　「子どもたちが自分なりの学習の仕方を身につけることは非常に大切です。そのためには，学校だけの学習では不十分で，家庭でも必ず一定の時間学習することが必要です。宿題はそのためにも役立ちます」と説明する。
● **学校として宿題に関する方針を明示し，全教師の共通理解を図る**
　宿題が子どもたちにとって負担加重になりすぎては意味がない。そのた

〈学校・教師の指導に対して〉**7** 学習指導・宿題の出し方に異議がある

宿題
- 子どもの学習の様子がわかる
- 家庭での学習に役立つ
- 宿題がなくても自分で学習できるようにする

保護者

- 子どもにとって大きな負担になってはダメ
 →宿題が多すぎて塾や部活に支障をきたす

め，学校や学年全体で，宿題の出し方について共通理解を図っておくとよい。それに基づき，「学年や教科間でよく調整し，バランスのとれた宿題の出し方をしています。また，能力差の大きい教科では，能力に応じて量や質に変化をもたせる工夫をしています」とていねいに説明する。

● **宿題は，保護者が自分の子の学習への取り組みを知るきっかけとなる**

宿題に対して関心の高い保護者が多い。「学校・教師は，どんな内容の宿題を，何を目的として出すのか，どのような力をつけたいと願っているか」を説明し，家庭でも保護者の協力を得るよう努力する。

● **子どもたち一人一人が宿題を通して自主学習ができるようにする**

宿題はあくまでも与えられた学習である。これで終わるのではなく，さらに一歩進めて好きな教科を深めたり，不得意教科の克服に役立つよう，保護者の協力を得てたえず指導・助言を行う。こうした体験を継続することによって子どもたちが「自らの学び」とは何かを体得することができる。これが子どもの人生にとって大きく貢献することはいうまでもない。

教師の指導力も含め見直す契機とする

学習指導・宿題に関する対応での留意点

●**学習指導への注文を，自らの授業の見直しとする**

　教育熱心な保護者ほど授業に多くの要望がある。多くの教師は腹立たしくなるが，ここは謙虚な姿勢で自らの授業を振り返ることが大切である。

●**学年通信や学級通信を通して授業内容や進め方について説明する**

　授業の進め方・指導のポイントなどを１週間ごとにまとめて知らせる。かくして教師の熱意・誠意，一生懸命さが保護者に伝わる。

●**宿題は，無理なく継続的にし，子どものがんばりや努力を励ます**

　保護者の中には自己中心的な人も増えている。宿題について，「たくさん出せ」「多すぎる」と要望が多い。「基礎的・基本的な学力を身につけるには，反復練習を継続することが大切です。クラス全体のことを考えて出しています」と説明する。教師は，必ずその宿題をていねいに点検し，子どもたちのがんばりや努力を励ます。

〈学校・教師の指導に対して〉

8 成績評定に納得できない

成績評定についての訴えが出されることがある。基本的に評価・評定は動かせない。日常から評価・評定に留意するとともに，保護者に納得してもらえるよう根拠を示して説明する。

● 評価・評定の意義と意味をおさえておく

●評価は教育を改善し，子どものよりよい発達を促進するためのもの

評価は，子どもの望ましい成長や自己変革の動きの助長・促進をめざし，指導計画，指導法，学習環境等を改善し充実させるためのものである。

●評価は，子どもの目標達成度などをはかるものである

評価は，指導の結果がその目標をどの程度達成しているかをみるとともに，指導の過程やそれに影響する諸条件などについて資料を集め，種々の教育的決定を下す手続きである。

●評価は，子どもの自己変革を促していくためのものである

評価は，適切な資料をもとにして，子どもたち自身による自己反省を深めさせるとともに，自己変革への意欲を高めたり，その変革を具体的に方向づけたりするものである。したがって，教師にとっては，子どもへの対応・指導の仕方を明らかにしていく契機となる。

●評定は，基準をもとに対象を分け，順位をつけることである

評定は，あらかじめ設定した基準に基づき，成績を3段階あるいは5段階に分けるもので，評価とは明らかに区別される。

● 評価・評定に対する保護者からの訴え

保護者は，テストの点だけで自分の子どもの評定を見がちである。「評定」は原則として訂正しない。万が一，転記ミスや得点合計の誤りなどがあった場合は，校長に報告し，誠意をもって対応する。

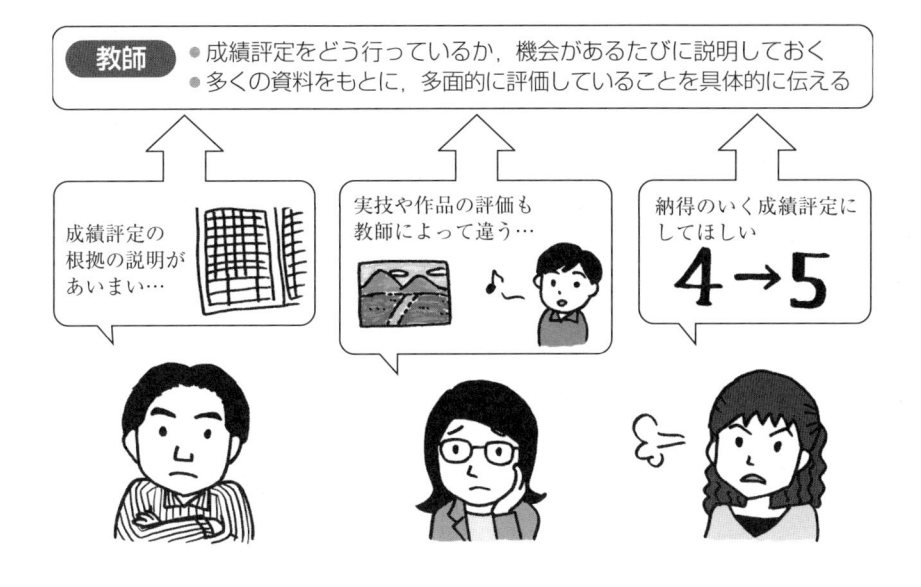

教師
- 成績評定をどう行っているか，機会があるたびに説明しておく
- 多くの資料をもとに，多面的に評価していることを具体的に伝える

成績評定の根拠の説明があいまい…

実技や作品の評価も教師によって違う…

納得のいく成績評定にしてほしい 4→5

● **教師は，子どもを公正に評価・評定していないという訴え**

「うちの子は，期末考査で60点だったし，観点別評価でも『A』があるのになぜ評定が『2』なのか。同じ点でも『3』の子どもがいたようだ」「うちの子は私立を受けるので主要教科は，5でないと困る。テストの結果も十分それに当てはまる」という訴えがある。担任は「テストの点は確かに5です。しかし，評定は，授業態度や宿題・作品の提出などを加味したものです」などと説明し，それで納得しない場合は，補助簿をもとに宿題を忘れた回数や授業中の居眠りや私語についてもていねいに説明する。

● **「評定」の根拠の説明が教師によってバラバラである**

「実技や作品の評定が教師によって違っている」「教師の主観や好みが評定に反映され，うちの子は損している」などの不満が提起される。これに対しては，学校としての評価・評定の基本方針を明確に示し，教師が自分の考えで勝手に評定しているのではないことを誠意をもって説明する。

保護者にていねいに説明し，理解してもらう

個性を伸ばす評価への転換

保護者に，以下のような評価の考え方が伝わるとよい。
・画一的な評価・評定から多様な評価・評定へ：テストの点数のみによる評定ではなく，観察，面接，質問紙，作品，ノート，レポートなど多様な要素を加味したものとする。
・結果の評価・評定から，過程を評価するものへと改める：子ども一人一人の考える過程をよく観察し，評価・評定する。
・相対評価から絶対評価，個人内評価への転換を図る
・量的評価から質的評価への転換：どれだけできたかよりも，どこができ，どこができないか，どんな間違いをしたかをみる。その子はどこでつまずいているかを明らかにする。
・間接測定から直接測定の重視：ペーパーテストから学力を測定するだけでなく，直接その作業や動作により学力を測定する方向へと転換する。

- 子どもの意欲・やる気を起こさせる，最適のアドバイスを心がける
- 教師自身が評価は楽しいと考える

↓

子どもが「先生に自分の作品・生活を評価してほしい」と考えるように

よりよい「評価・評定」をめざす

こんな「評価・評定」のできる教師をめざす

- その子の意欲をいっそう奮い立たせる評価・評定のできる教師：「できる，できない」「ランクづけ」の評価・評定から脱却する。
- 評価・評定に基づいて，その子にとって最適・最高の指導・助言を与えることのできる教師
- 評価・評定の累積を通して，子ども一人一人の成長を具体的に語ることのできる教師
- 子どもにとっても，保護者にとっても，大いに元気が出る評価・評定のできる教師
- 評価・評定することが，楽しいと心から感じることのできる教師：いやいや評価・評定する教師では，子どもがそれをプラスには受けとめることができない。自分たちをよりよくするために自らすすんで評価を求めるように導くことのできる教師こそ最高の教師である。

〈学校・教師の指導に対して〉
9 学級経営に不満がある

「担任との関係が悪く,子どもが担任を信頼していない」など,学級経営に対して不満が出されることがある。「保護者の協力を得て学級経営を行う」という姿勢で臨む。

● 学級とそこにかかわる教師の役割をおさえておく
- 学級は,子どもが生活する最小にして重要な基盤である

   子どもたちの多くは,学校へ行くというより学級へ行くという意識を強くもっている。子どもたちは,その学級で継続して学習し,生活する。学級は子どもたちの毎日の学校生活の重要な場であり拠点である。
- 学級は,子どもにとっての「心の居場所」である

   子ども一人一人が学級での生活によりよく適応していれば,教科学習や生活にも意欲をもって積極的に臨むことができる。この意欲や積極性が子どもの個性の伸長や人格形成に大きく機能する。これが学級である。それゆえ,学級担任は子ども一人一人にとって真の意味での「心の居場所」となる学級づくりに最善を尽くさなければならない。
- 学級担任の指導のよしあしが,学年・学校での子どもたちの生活を左右するキーポイントである

   学級担任の指導が子どもたち一人一人の心の琴線にふれれば,すばらしい学級となる。特に学級担任と子どもとの好ましい人間関係・信頼関係の構築が重要である。なぜなら,それがすべての面において子どもたちのよりよい学校生活にとって不可欠の条件となるからである。

● 学級経営に対する不満が急増している背景
- 各教師の指導力不足によるトラブルの急増

   学級経営に対する不満の多くは,教師の指導技術の未熟さや子ども理解

- 教師の指導力不足に
  よるトラブルの急増
- 教師と保護者の対立
- 価値観の多様化

親からの訴え

教師は指導力向上と
自己錬磨に努力する

訴えが増えた背景を理解し，誠意を伝える

の不十分さによるものである。また，「指導力不足の教師が多い」「学級崩壊が多い」との報道などから，不信と不安が募っている。

● **教師のひとりよがりと保護者のエゴイズムの対立**

　教師や保護者の中には，「学校・家庭・地域の三者が連携してよりよい子どもを育てる」ことを理解できない人がいる。それぞれの考えを勝手に主張する現実がある。その結果，不満や対立が生まれる。

● **価値観の多様化についての理解が欠落している**

　日本人の価値観は多様化し，保護者の関心や利害も細分化されている。しかし，学校・教師の一部は，このことをよく理解しておらず，保護者との良好な関係をかもしていくことができていない状況にある。

不満の訴えを防止するための望ましい学級づくり

● **子どもと教師の人間関係があたたかく，信頼関係が築かれている**

　保護者が学級に対し不満を訴えるのは，まとまりのなさがあるときや子

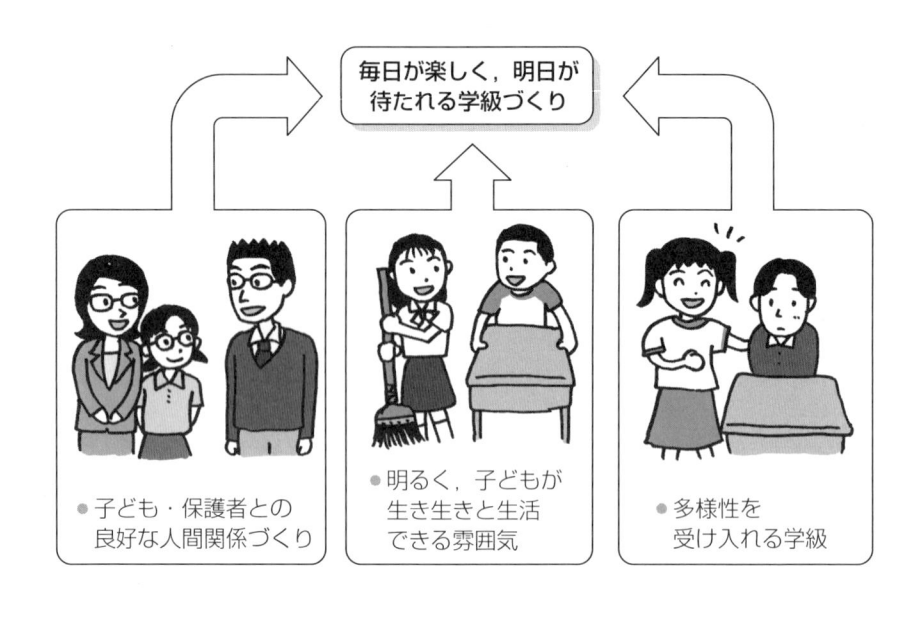

〈学校・教師の指導に対して〉 9 学級経営に不満がある

```
         毎日が楽しく，明日が
         待たれる学級づくり
```

- 子ども・保護者との良好な人間関係づくり
- 明るく，子どもが生き生きと生活できる雰囲気
- 多様性を受け入れる学級

どもたちが担任を信頼していない場合である。まず，子どもとの良好な人間関係，信頼関係づくりに全力を傾注する。

● **どの子どもも学級・学校のきまりや約束事をきちんと守っている**

近年，基本的なきまりを守れない子どもが増えている。基本的なルールを守ることの大切さを厳しく指導するとともに，このことを学級通信で知らせ，家庭での保護者の全面的な協力をお願いする。

● **いつも明るく異質なものを受けとめようとする雰囲気がある**

「気が弱いため周囲から無視される」「みんなと違う意見を言うので仲間はずれにされる」などの苦情が出ることがある。学級全員が支え合い，自分の意見を堂々と述べることのできる開放的な学級づくりに努める。

● **どの子どもも価値ある存在であることが認められている**

「知的障害であるためばかにされる」「身体障害をもつ子どもをいじめる者もいる」などの訴えがある。障害のある人も同じように個性をもち，価値ある存在であることを日ごろから指導し，保護者の理解を得る。

学級崩壊

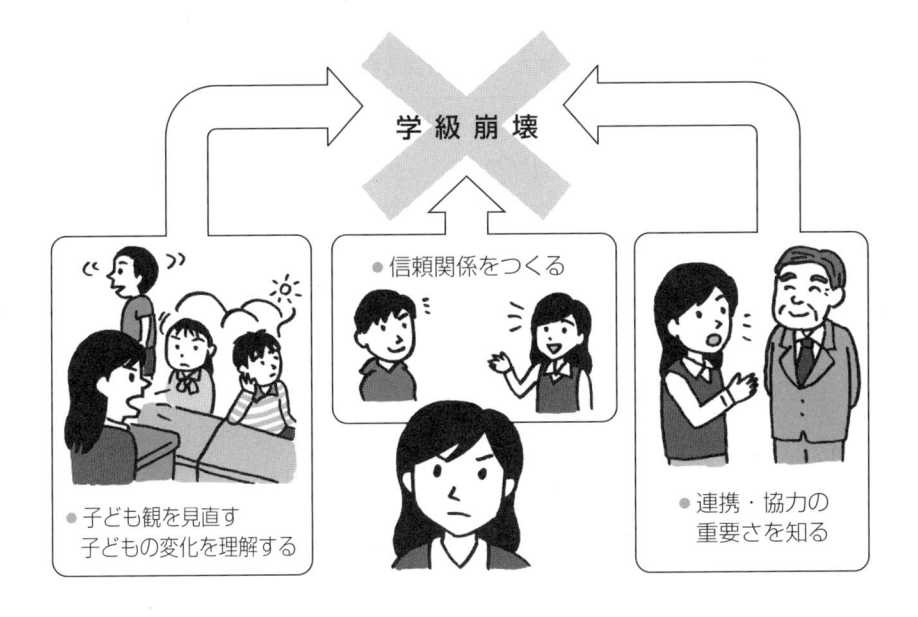

- 子ども観を見直す 子どもの変化を理解する
- 信頼関係をつくる
- 連携・協力の重要さを知る

● **自分たちの学級は，自分たちでよくするという意識でみなぎっている**
　学級のルールや組織を子どもたち自身でつくり上げるための場を設けたり，連帯してよい学級をつくるため，子どもたちと一緒にがんばっている様子を具体的に説明して，理解を得る努力を続ける。

学級崩壊の対応と予防（文部科学省委嘱研究報告書より）

● **学級崩壊を受けとめる視点**　①現状をまずは受けとめること，②「困難さ」とていねいに向き合うこと，③子ども観のとらえ直し，④信頼関係づくりとコミュニケーションの充実，⑤境界をこえる連携・協力，⑥考え・試みる習慣と知恵の伝承，など。

● **新しい学級経営を求めるポイント**　①早期の実態把握と早期対応，②子どもの実態を踏まえた魅力ある学級づくり，③TTなどの協力的な指導体制の確立と校内組織の活用，④保護者などとの緊密な連携と一体的な取り組み，⑤教育委員会や関係機関との積極的な連携など。

〈学校・教師の指導に対して〉

⑩ 部活動について要望がある

部活動に対して，練習の増減やチーム強化などの要求が出されることがある。部活動の意義を踏まえ，学校でのきまりと生徒の考えを尊重して，保護者の話を聞く。

◗ 部活動の意義を踏まえる

- **部活動は，生徒にとって学校生活を豊かにする大切な活動である**
  教室では学ぶことのできない知識や経験を積み，自らの自己実現に向けて協力したり，悩んだりしながら自己を確立できる貴重な機会である。
- **部活動は，学級や学年を越えて同好の生徒たちが切磋琢磨する場である**
  同好の生徒たちが切磋琢磨しながら人間関係の大切さ，組織を機能させることの重要さを学ぶことのできる絶好の活動である。
- **充実した部活動の継続は，「生きる力」の習得そのものである**
  充実した部活動を体験することは，自己理解を深め自己を高めていく力を培い，部活動の特性である専門的な知識や技能の習得にも役立つ。

◗ 練習時間・運営に関する要望

- **部活動の練習日程や練習時間に無理はないか，たえず見直す**
  生徒に高度な技術を要求するあまりに厳しい練習を強いたり，ゆとりのない日程を設定していないか，たえず活動を顧問教師間で見直す。保護者に対しても，「過度の練習は体に負担がかかります。また，授業中に居眠りをしてしまう子もいます」「学校で，○時までには終了するようきまりがありますので，指導したいと思います」などと説明するとよい。
- **生徒一人一人の自主性・自発性を尊重する**
  ただむやみに練習量を増やしたり，一方的に技術や知識の伝達に陥ったりする部活動の体質を改め，生徒たちの発想や自主性を部活動運営に反映

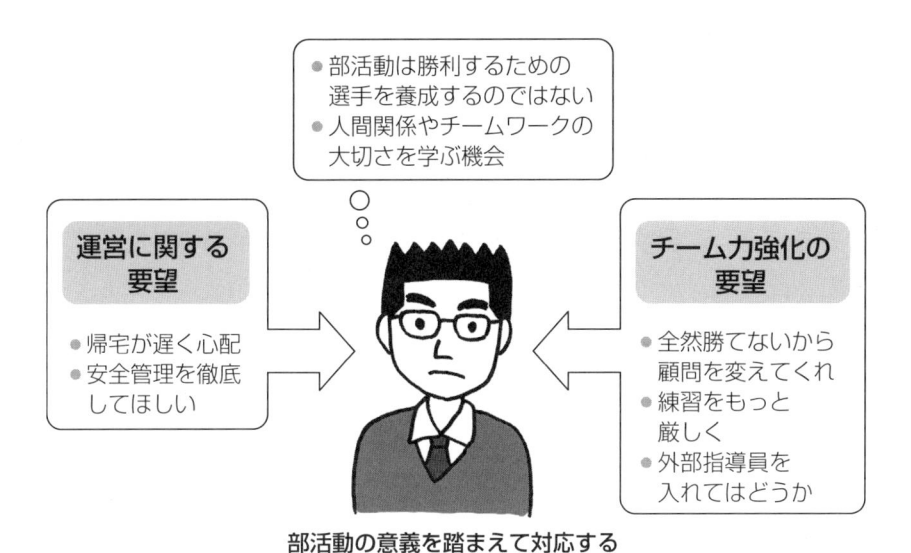

第5章 保護者からの訴えへの対応

```
運営に関する要望
●帰宅が遅く心配
●安全管理を徹底してほしい
```

思考:
●部活動は勝利するための選手を養成するのではない
●人間関係やチームワークの大切さを学ぶ機会

```
チーム力強化の要望
●全然勝てないから顧問を変えてくれ
●練習をもっと厳しく
●外部指導員を入れてはどうか
```

部活動の意義を踏まえて対応する

させていくことも大切である。保護者にこの点の理解を求める。

チーム力強化に関する要望

● **対外試合に勝利するための選手を養成するのではない**

運動部の場合，ともすると勝利至上主義的な考え方が支配的となり，一部の行きすぎた活動になりがちである。ポジション等をめぐって不満が出ることもある。学校生活を豊かにするための活動であることを説明する。

● **外部指導員の活用により生徒の多様なニーズにこたえる**

学校内で指導者が不足している場合，優れた技術指導ができる外部指導者の協力を得て，生徒や保護者のニーズにこたえることも必要である。

● **活動の場を広げ，開かれた部活動を展開する**

専門性を追い求めるだけでなく，これからはだれでも，いつでも入部できる開放的なものとする。また，校内の対抗試合の企画・運営など学校全体に寄与する心構えを育成することも重要である。

〈学校・教師の指導に対して〉

11 生徒指導に納得できない

非行の低年齢化・凶悪化が進み，子どもの生徒指導はいっそう困難さを増している。子どもたちが安心して勉強に専念できるよう，保護者とも協力して指導にあたることが必要である。

▶ 生徒指導の意義をおさえておく
- **生徒指導は，子どもの人格を尊重し，個性の伸長を図るものである**
　問題行動への対応という消極的な面だけにとどまる指導・援助ではない。子ども一人一人の社会的資質や行動力を高めるよう指導・援助する。
- **子どもが自己実現を図っていくための自己指導能力の育成をめざす**
　自己指導能力の育成を図るためには，子どもに自己存在感を与えること，共感的人間関係を育成すること，自己決定の場を与えることなどに配慮。

▶ 最近の子どもの問題行動とその背景
- **問題行動の低年齢化・凶悪化が一段と進んでいる**
・これまで非行を犯したことのない子どもが突然重大な犯行におよぶ。
・暴力事件や器物破損が多発し，小学校高学年の児童の非行が増加した。
- **問題行動の背景**
・学校の生徒指導の体制が十分機能していない。
・子どもに社会性や良好な人間関係をつくる能力がついていない。
・子どもに基本的な生活習慣や倫理観が十分しつけられていない。
・社会の変化に伴って子どもを取り巻く環境が一段と悪化している。

▶ 保護者の不満の訴えにどう対応するか
- **「誠心・誠意」対応する**
　保護者は，わが子に大きな期待をもっている。わが子を信じている。学

保護者の訴え

- 子どもが非行に走るのは学校の教育が悪いからだ
- 教師によって厳しかったり甘かったりでは子どもが迷う
- 保護者が悪いと決めつけないでほしい

● 保護者の協力を求める

　学校と保護者で一緒にお子さんを育てていきたいのですが…

● 誠意をもって接する

　ご指摘ありがとうございます。そのような印象を与えられたのでしたら，本当に申し訳ありません

● 子ども理解に力を入れる
● 関係機関との連携

校教育にも高い関心と大きな期待をもっている。それがときとして，学校への訴え，学校の指導に納得できないとする場合が出てくる。そうした保護者の心情を十分理解した接し方が大切である。

● **担任の指導に対する訴えには，学年主任や教頭も同席する**

　担任に対する批判・訴えには，感情的なやりとりにならない配慮が必要である。そのため，学年主任や教頭に同席してもらい，冷静な中に誠意をもってこたえる姿勢を保つ。

● **問題行動に対する全教職員の理解をいっそう深める**

　子どもたちの問題傾向をよく理解し，日ごろから一人一人の子どもの理解を深め，意識や行動の小さな変化を見逃さないように気を配る。

● **わかる授業の実践を第一に，「心の教育」に全校をあげて取り組む**

● **学校と関係諸機関との連携を強化する**

　問題行動の予防と解決に向けて地域の関係諸機関と幅広く連携する。

〈学校・教師の指導に対して〉

12 校則に納得できない

> 校則は子どもが充実した学校生活を送るために必要なルールであり，管理するためだけにあるのではない。その意義を理解してもらい，遵守に協力を求める。

● 日常から校則の意義を啓発する

校則を「みんなが気持ちよく生活するためのエチケット」と肯定的にとらえてもらう。どの学校にも所持品や服装の決まりがあるが，子どもをしばるのではなく，権利を守るものという意識をもってもらうことが批判を防ぐ最大のポイントである。日ごろから児童・生徒会，PTA，教師の指導体制等で総合的に子どもおよび保護者を啓発していくことが必要である。

● 校則の必要性（法令上の扱い）を知っておく

校則が必要であることは判例でも認められている（熊本地裁判決：昭和60年，最高裁判決：平成3年）。しかし，この問題は法令上のこととして処理するのではなく，あくまでも教育指導上の学校と保護者との共通理解の問題としてとらえ，保護者の理解を求めることが何より大切である。

● 校則の意義を認めない・拒否する保護者に対して

「ピアス禁止の校則は生徒の個性を認めておらず，意味がない。だから学校はわが子に強制させないでくれ」など，拒否する保護者に対しては「法律のような社会のルールのほかに，学校や家庭にもルールが必要です。学校や親が決めたルールに反発するのは発達段階からいって当然ですが，子どもはそうした体験を通して成長します。個性の芽を摘むことにはなりません」と，保護者自身が子どものころどうだったかにもふれ，説明する。

保護者の訴え

- 個性があるのだから校則でしばらないでくれ
- どうせ形だけ、守っても意味がない
- 我が子のできない所を校則で直してほしい

- 発達段階に応じて必要
  学校や家庭にもルールが必要です。子どもはそういった経験を通じて成長します
- 問題行動につながる
  心と外見が一致して成長する時期です 規範意識を育てることが大切です
- 学校と家庭が協力する必要がある
  指導は、連携して取りくんでいきましょう

校則の意義を理解してもらう

規範意識が低く守らない保護者に対して

「形だけだし，いいじゃないですか」「好きなようにさせていいじゃないですか」など，規範意識が低く守らせようとしない保護者に対しては，服装の乱れから万引きや学校間抗争など，思わぬ問題行動に走る子どもが出てくるなど，過去の実例を示し，説明する。小・中学生は内容（心）と形（外見）が一致して成長する時期であることを説明し，協力を求める。

校則を厳しくしてくれという保護者に対して

「この学校はしつけができていない。校則を厳しくしてくれ」「身の回りのことができないから，校則で禁止してくれないか」など，自分の教育方針や教育力に自信をもてず，校則の力に頼ろうとする保護者に対しては，「学校だけでなく家庭での指導場面が大切です。学校と家庭とで連絡を取り合い，できるようになるまで，学校と家庭が一貫した姿勢と態度で指導に臨みましょう」と励ましながら協同歩調で指導することを提案する。

〈学校・教師の指導に対して〉
13 教師を軽視する・否定する

「勉強は塾でするから」「学校へは遊びに来ている」等，学校や教師を軽視する言動をとる保護者に対しては，学校の存在意義を理解してもらえるよう，誠心誠意対応する。

◗ 学校の存在意義を理解してもらう

　教師の権威が低下している背景には，保護者の高学歴化，あいつぐ教師の不祥事等で学校教育全体に対しての信頼が低下していることがあげられる。保護者に「勉強は家でやりますから，学校ではしつけをお願いします」と言われたり，子どもに「塾で勉強してるから大丈夫。学校の先生って給料安いんだろ」と言われたりすることもある。もちろん学校は知識を詰め込むだけの場所ではなく，人間形成の重要な場所である。学校の存在意義を日々の教育活動を通じて理解してもらえるよう努力する。

◗ 日常の連絡を大切にする

● 学級通信等で情報を伝える
　保護者は自分の子どもが学校で何をしているのか気になるものである。情報が不足すると不安となり，その結果，学校および教師の不信へとつながる。学級通信等で学校生活の様子を伝えることが大切である。子どもの活躍や，地味だが着実に継続している事柄を個人名を出して賞賛する。

●「学校と親が同じことを言う」ことの大切さを伝える
　家庭で学校の悪口を言うと子どもも同様の感情をもつ。保護者会等で管理職や学年主任から「家庭で教師の悪口を言わないでください。学校でも保護者の悪口は決して言いません。これは，大人の顔色を見て行動するような，裏表のある子どもにしてはいけないと考えているためです」と宣言し，両者の協力で子どもがよくなることを訴えると効果的である。

第5章　保護者からの訴えへの対応

学校の存在意義を理解してもらえるよう，誠心誠意対応する

- 学級通信等で情報を伝える
- 学校と家庭の歩調をそろえる
- 教科指導に力を入れる
- 立場を明らかにして誠心誠意対応する

個人名を出して賞賛する

大人の顔色を見て意見を変える子にしないためです

携帯電話の持ち込みは，学校全体のルールとして許可できません。ご理解いただきたいのですが…

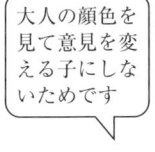

● **教科指導に力を入れる**

　不信の原因には授業に対する不満が背景にあることが多い。学校の中心である教科指導に力を入れることが何よりの教育愛であると考え，教材研究を徹底し研究・研修に打ち込む姿勢があるか，それとも日々の授業をないがしろにしているかは子どもにもストレートに伝わるものである。

態度を変えない保護者とのかかわり方

　誠心誠意対応しても，「教師は世間知らずだから」と，頭から教師を否定する保護者もいる。保護者を変えることはむずかしいので，無理に変えようとせず，要求があった場合は否定せずに聞く。そのうえで，指導すべき点は「授業中に塾の宿題をしていました。学校の授業がすべての基礎・基本なので集中して学習するよう指導しました」「携帯電話の持ち込みは，規律を乱すことになるので許可できません。学校全体でのルールですので，ご理解いただきたいのですが」など，立場を明らかにして協力を求める。

〈学校・教師の指導に対して〉

14 担任を代えてほしい・指定したい

「学級担任を代えてほしい」「来年はB先生にしてほしい」という要望があっても，実際に変更することはむずかしい。保護者の要望をきちんと聞き，不満の残らないように対応する。

● 権利意識の高まりからくる要望であることを把握する

「児童の権利に関する条約」等の社会的な人権意識の高揚と，保護者の高学歴化で教育内容に対する関心も強くなっている。したがって，以前では問題とならなかったことで保護者から要望が寄せられるようになっている。なぜ保護者がそのような要望をするのか，その背景を探り，具体的な改善策を講じることも必要となる。不満の原因を①教師，②学校組織に分けると，以下の点が考えられる。

● 担任の学級経営が柔軟性を欠いている
・授業の内容と方法に不満がある。
・いじめや問題行動への対応が遅く，不適切である。
● 家庭への連絡が不十分で意思疎通ができておらず，対応が遅れた

● 具体的に対応するために，実態をきちんと把握する

まず実態を把握し，それに基づき対応策を講じる。
● 保護者・子どもと教師の実態を把握する
・子どもと保護者はどのような不満をもっているか。
・担任はこれまでどのように対応してきたか。
・保護者へはどのように連絡し，相談してきたか。
・学年やほかの教師は，当該学級の状況をどのように認識しているか。
● 複数で対応策を考える
・担任一人で抱え込まず，管理職中心に全教職員で解決にあたる。

第5章 保護者からの訴えへの対応

実態を調べてから
お返事させていた
だけますか

お会いしてご説明
させていただけま
すでしょうか

● 電話では直接やりとり
　はしない

担任

● 子どもと保護者は
　どのような不満を
　持っているか

● 学年主任やほかの
　担任から見える様子

● どのように連絡し
　てきたのか

校長　　　　　　　学年主任

実態を調査する　　　　　　　　**組織的に対応する**

・保護者会等を開き，保護者に学級の状況を正確に伝える。
・期間を限定し，安定した学級づくりをするため教頭や嘱託員が指導に加わったり，TTや合同授業など複数の目で指導することを伝える。

対応上の留意点

● 当該保護者と直接会う

　電話でのやりとりは絶対にしない。電話では相手の顔が見えず，理屈だけのやりとりになりがちである。相手は感情的に高まっている状態なので，電話では会う約束をするにとどめ，学校で直接話を聞く。

● 組織的に対応する

　基本的に，担任本人だけでなく，学年・学校全体にかかわる問題であるので，このような要求があれば即座に学年主任および教頭・副校長に相談し，校内で対応する体制をとり，学校全体で信頼回復に向けて行動することを約束する。事実誤認ならば事情を説明し，学校への協力を求めていく。

〈学校・教師の指導に対して〉
15 学校を信頼できない・不信を抱いている

学校への不信から学校および教師へ苦情や抗議が寄せられたら，すぐに複数で対応する。苦情は学校がよくなるチャンスととらえ，共感的態度で聞き，今後に生かすことが重要である。

▶ 苦情を力に変える

　学校へ寄せられる苦情は数多い。教科指導，生徒指導，いじめ，学級の荒れ，学校事故等，その内容もさまざまである。これらの声にこたえ，学校を改善していくためには，学校が組織としてまとまっている必要がある。決して特定の教師や子どもだけの問題としてとらえるのではなく，「親と話せる絶好のチャンス」ととらえ，苦情を力に変えることが大切である。

▶ 対応のポイント

● 即座に対応する

　「その日のことはその日のうちに」が原則である。悪いことは放置しておくとますます悪くなる。苦情があった場合は直ちに上司に報告する。

● 複数で対応する

　自分が対応を任された場合でも必ず複数で対応する。学年主任あるいは内容によっては管理職の場合もある。一人で抱え込まないことが肝心である。

● 共感的態度で接する

　まず相手の話を十分聞き取り，真意をつかむことである。「学校をよくしようと思って言ってくれているのですよね」等と共感的に接し，共にやろうという姿勢で臨む。相手を協力者に変えることである。

● 必要に応じて臨時保護者会を開く

　重要な事案ならば，臨時に全校および学年保護者会が必要なこともある。

- 即座に
- 複数で
- 共感的態度で

} 対応する

学年主任

重要であれば臨時保護者会を開く

外部評価を活用する

日頃から情報公開につとめる

苦情は学校がよくなるチャンス

　その場合には事前にPTA役員に事実を説明し，協力を依頼しておく。保護者会では事実経過や原因の説明のみに終始するのではなく，今後の具体的対応策を述べ，学校全体で取り組む姿勢を示すことが重要である。

開かれた学校づくりに全力を尽くす

●日ごろから信頼関係を築く
　事故等のトラブルが起きた場合，学校および教師の日ごろの姿勢がその後の展開に大きく影響してくる。日ごろから情報公開に努め，保護者と距離が近くなるよう努力している場合は，保護者のほうが味方をしてくれることが多い。

●外部評価を活用する
　「学校のことは学校で決める」という姿勢ではなく，子ども・保護者・地域からのアンケートや，子どもによる授業診断等を実施し，その結果を学校運営に反映させることで風通しのよい学校にすることが大切である。

用語解説 不登校など学校関係

●適応指導教室
　不登校など，何らかの理由で学校に通えない学級不適応の子どもを対象に，学習指導や教育相談などを行い，学校への復帰をサポートする学校外の教室。教育委員会や教育センターに設置されている。

●通級指導教室
　軽度発達障害の子どもを対象に，その子の障害特性に応じて学習指導や教育相談などを行う学校外の教室。主に，教育委員会や教育センターが特定の学校に設置し，近隣の校区の子どもも通えるようになっている所が多い。通級指導教室に通う子どもは，週の大半は原籍校に通い，原籍校で十分な指導やサポートを受けられない部分を通級指導教室で補う，というパターンが多い。

●教育サポート事業
　適応指導教室や通級指導教室，子育て支援など，教育委員会・教育センターなどの行政機関が中心になって行う教育を支援する事業のこと。

●民間サポート校
　不登校など学級不適応を抱える子どもを対象に，社会生活に慣れ，社会で生きていくために必要な知識を学ぶ場をつくっている民間の学校。

●スクールカウンセラー
　いじめや不登校などの心の問題に対応するために，学校に配置されているカウンセラー。臨床心理士，学校心理士などの資格をもつ人や，心理学系大学の職員など，専門的な知識をもった外部の人がその任にあたる。各自治体で，常勤・非常勤の差や配置数などに違いがある。

第6章
緊急時・危機対応時の保護者対応

1　子どもが家出した
2　登下校中・学校内で事故にあった
3　学校周辺に不審者が出没している
4　警察に補導された
5　災害（地震など）が起きた

1 子どもが家出した

最近，繁華街で夜通し遊び，数日帰らない「プチ家出」が急増している。保護者と共に子どものことを心配する態度を示し，協力して子どもの居場所をつくっていく。

🔈 保護者から連絡を受けたときの対応

● 「子どもが家出した」と連絡を受けた

　保護者の話をしっかりと聞く。そのうえで「携帯電話を持っての『プチ家出』が増えています。連絡を待ちましょう」などの助言をする。また，2回目以降の家出には，「家出は繰り返されることがあります。子どもの気持ちをしっかりと受けとめ，電話がかかるのを待ちましょう」と助言する。

● 「家出した子どもが帰ってきた」と連絡があった

　「戻ってきて安心ですね」と，保護者の気持ちを受容し，ねぎらう。そして「心配でおつらかったと思いますが，感情的にどなったりせず，じっくり気持ちを聞いてあげてください」など，助言する。

● 家出した子どもから電話があった

　「帰宅しやすいような会話を心がけ，例えば『みんなで待っているよ』というように，さりげなく居場所を尋ねてみてください」と助言する。

🔈 保護者と居所を探すときのポイント

● 手がかり（案外身近にある）を探す
・本人の身の回りや持ち物をもう一度確かめ，行きそうな所に連絡する。
・知人・友人に連絡し，「保護者が非常に心配している。行きそうな所に心当たりはないか」「携帯で連絡を取ってもらえないか」とお願いする。
● 無言電話に注意する

　家出した子どもが，様子を探るためにかけてくることがある。心配して

いるところに無言電話があるといらだつものだが，冷静な対応をする。反応があって本人とわかったら，切れる前に「またかけてね」と呼びかける。
● 帰宅時の受け入れに気をつける
・「お帰り，お風呂もわいてるよ。お腹は空いてない？」など，自然な形であたたかくむかえ入れることをすすめる。
・「どこで，だれと，何をしていたのか」と性急に問いつめないようにする。自発的な発言があるまではあせらずに待つ。

「携帯がつながるから大丈夫（プチ家出）」と言う保護者に対して

「プチ家出」が非行や犯罪に走るきっかけになることもある。事件や事故に巻き込まれる可能性もある。その危険を保護者に伝え，理解を求める。そのうえで，子どもには通常の家出と同じように保護者が心配していることを伝え，帰るよう促す。また，プチ家出は繰り返すことが多いので，保護者とは子どもの居場所をつくっていけるよう話し合い，連携する。

2 登下校中・学校内で事故にあった

学校の内外で発生する事故は，たとえ帰宅後の事故でも，子どもが在籍している間は，学校に何らかの責任が問われる。保護者には正確な情報を伝え，子ども第一の対応を行う。

▶ 初期対応を誤らない

● 登下校中の事故の場合

早急に事故内容の把握に努め，事故の内容，どういう状況で発生したか，現在の状況（５Ｗ１Ｈ）を確認する。校長を中心に組織的に対応する。

● 学校内の事故の場合

現場に急行して状況を把握する。けがの状況によって救急車を要請する。ほかの子どもの動揺を抑え，情報を収集し，受診後の容態について連絡を取る。担任は，被災した子どもを保護者に引き渡すまで付き添う。

▶ 保護者への対応

● 保護者に連絡する

精神的ショックを与えないよう細心の注意を払って連絡をする。「今日，体育の時間に鉄棒から落ち，足首をけがしました。いま，病院で診察中です」と，事故の概要を正確に伝え，個人的な見解や判断は慎む。

● 概要と連絡先を伝え，医療機関等を確認する

警察や病院からの情報と事故発生時の様子，病院名と所在地，連絡番号を伝える。このとき，「かかりつけの医療機関などはございますか？」と確認し，あればそれを尊重する。

● ほかの子どもや保護者へも説明する

情報が乱れてほかの子どもや保護者が不安に陥らないように，臨時の学校だよりを通して，校長の責任で事故の概要を説明する。大きな事故の場

不測の事態は常に起こりうる
初期対応と保護者への説明を徹底する

合，臨時の保護者会を開き，可能なかぎり具体的に説明する。

事故対応への留意点
● **マスコミなどへの対外折衝に気を配る**
　被害者の立場を尊重するとともに，無用の混乱を避けるために窓口を一本に絞って対応する。重大事故では，警察から直接，学校や子どもに対して事情聴取がある。また，マスコミなどが取材に訪れることもある。個人情報としての取り扱いをし，保護者や子どもの心情に留意する。学校としては，校長・教頭・学年主任・担任など複数で対応する。
● **事故対応は子ども第一に行う**
　事故原因を究明し，保護者に正確に伝えるとともに，誠意ある見舞いを行う。その際，保護者の気持ちに配慮しながら，「この度は心からお見舞い申し上げます。Aさんの様子はいかがでしょうか」「後遺症などの心配はございますか」など，今後の健康状況の見通しに立って対応する。

3 学校周辺に不審者が出没している

子どもを標的とした犯罪に対しては，緊急時の離脱方法や回避方法を具体的な動作を通して子どもたちに示すとともに，地域・保護者と学校が連携し，不審者に対する防犯意識を高める。

緊急時の対応方法を，保護者と協力して子どもに教える
● 不審者に遭遇したときの対応を子どもに知らせる

・大きな声が出せるように ⎫
・体をつかまれたとき   ⎬ 具体的な行動の仕方を学ぶ
・「子ども110番」   ⎭

● 各家庭に不審者対策教育の徹底を呼びかける

　保護者に子どもの通学路を再点検してもらうよう呼びかけ，防犯教室などで，各家庭に不審者に遭遇したときはどうしたらいいかを周知する。また，登下校の際に確認すべき危険箇所や逃げ場について親子で話し合ってもらえるよう保護者会などの機会に呼びかける。

学校から家庭・地域へ防犯指導を行う
● 家庭に対して情報提供を呼びかける

　日常から，学校だよりで呼びかけて，学校の安全対策に関する理解を深めるとともに，「通学路で危険と思われる場所があれば，お知らせください」などと呼びかけ，安全確認のための協同歩調・相互連絡に努める。

● 地域の防犯意識を高める

　学校の安全対策を町会回覧板などで周知徹底させるとともに，「防犯」の腕章を配布し，買い物など外出時につけてもらう。子どもたちにたえず大人の目が注がれるようにする。回覧板や町内掲示板などには，保護者を通して，掲示してもらう。そのために，校長は町会や自治会などの会合に

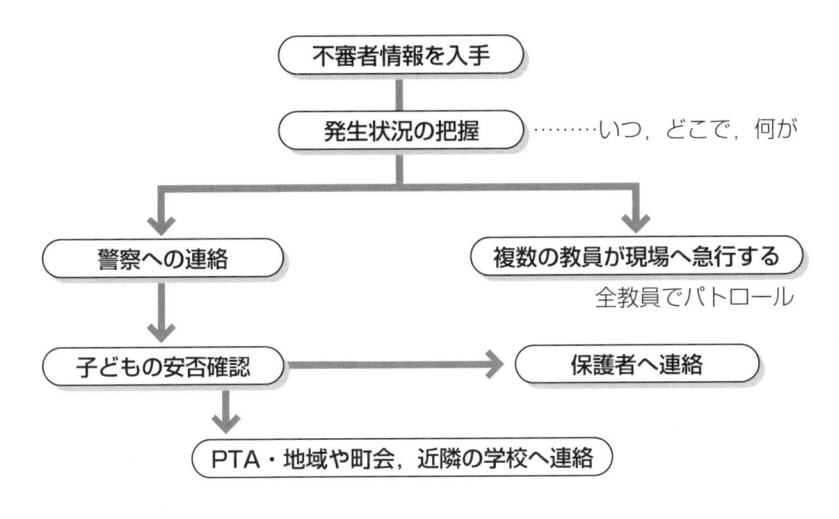

```
             ┌─────────────────┐
             │ 不審者情報を入手 │
             └────────┬────────┘
                      ↓
             ┌─────────────────┐
             │ 発生状況の把握  │ ……… いつ，どこで，何が
             └────────┬────────┘
          ┌───────────┴───────────┐
          ↓                       ↓
   ┌─────────────┐      ┌───────────────────────┐
   │ 警察への連絡 │      │ 複数の教員が現場へ急行する │
   └──────┬──────┘      └───────────────────────┘
          ↓                    全教員でパトロール
   ┌───────────────┐           ┌─────────────┐
   │ 子どもの安否確認 │─────────→│ 保護者へ連絡 │
   └───────┬───────┘           └─────────────┘
           ↓
   ┌─────────────────────────────────┐
   │ PTA・地域や町会，近隣の学校へ連絡 │
   └─────────────────────────────────┘
```

不審者が出没した場合の対応の流れ

は必ず参加する。

家庭・地域の防犯意識を高めるポイント

● **指導上の留意点**

家庭や地域にお願いするだけではなく，教師も子どもたちの通学路を通って出勤したり，地域への声かけをする。

● **連絡機能の向上を図る**

緊急時の連絡網を電話から携帯電話のメール機能を利用したものへシフトできるよう働きかける。地域での危険な場所・情報をすみやかに知らせる（個人情報の管理にはくれぐれも留意する）。

● **不審者情報を共有する**

不審者情報に敏感に反応し，常に危機意識をもてるように，不審者情報を近隣の保育園，幼稚園，小・中学校はもとより，町会などとのメールやFAX通信で共有する。

4 警察に補導された

万引き・自転車・オートバイ窃盗および占有物横領などで警察に補導された子どもに対しては，保護者と共に，万引きは絶対してはいけないことを徹底して指導する。

◯ 万引きなどの窃盗には，初期対応が大切である

● 発生状況を把握する

　保護者と的確に連携をとるために，集団万引き・いじめやリンチによる強要などの状況や，何をしたのか具体的な内容について，警察の担当官から正確な情報を入手する。

● 保護者に補導の事実を連絡する

　「警察から万引きで補導されたという連絡が入りました」と，事実を知らせる。そして「担任・学年主任が派出所に向かいます。お忙しいと思いますが，身柄引き取りのために，都合をつけて派出所に向かっていただけますでしょうか。学校には教頭（副校長）が待機しております」と，お願いする。

◯ 子どもへの対応は，保護者と協同歩調で行う

　窃盗行為への責任追及よりも，保護者を子どもの教育への協力者とすることが大切である。家庭教育のあり方にかかわる問題として対応しない。
　指導にあたっては「今回の件については，学校では再発防止の指導をしていきたいと思います。ご家庭とも連携して進めたいと存じますが，どのようにお考えでしょうか」など，事前に学校と保護者で対応方針を打ち合わせる。こうすることで保護者の学校にたいする信頼が生まれてくる。

非行・反社会的行動の原因

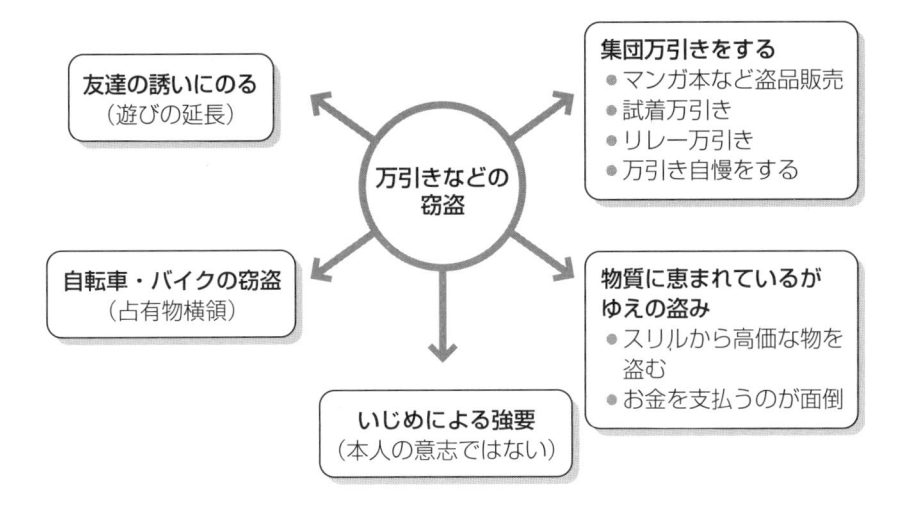

万引きなどの窃盗

- 友達の誘いにのる
  （遊びの延長）
- 集団万引きをする
  - マンガ本など盗品販売
  - 試着万引き
  - リレー万引き
  - 万引き自慢をする
- 自転車・バイクの窃盗
  （占有物横領）
- 物質に恵まれているがゆえの盗み
  - スリルから高価な物を盗む
  - お金を支払うのが面倒
- いじめによる強要
  （本人の意志ではない）

保護者対応への留意点

● **保護者の気持ちに寄り添い，協力関係を築く**

・警察に呼び出しを受けた保護者の心情を察するとともに，「保護者の方がそうやって心配してくださっていることが，Aさんに伝わると思います」など，人間的なあたたかさこそが再発防止の第一歩であることを伝える。

・「今後，ご家庭では店主（被害者）への謝罪にご協力をいただけますか」など，親和としつけを励行させる。

● **万引きなどのサインチェック**

　万引きなどの窃盗は非行の入り口になることが多い。物を盗むという罪悪感が欠如していないか・見慣れない物，高価な物を所持していないか，よく観察する。また，リレー万引きや集団万引きは，よくない交友関係（喫煙，深夜徘徊など）がきっかけとなることが多い。交友関係や生活態度などの変化に気を配る。

5 災害(地震など)が起きた

災害発生への事前準備，災害発生時の緊急対応については，地震・火災・風水害・爆発等災害の内容が異なってもほぼ同じである。通信手段が使えない状況を想定した訓練が大切。

◗ 備えあれば憂いなし
● 学校の立地条件に即したマニュアルづくりをする
　どの学校にも火災や地震を想定したマニュアルは存在するが，それを子どもには各種訓練の折に，保護者には学級通信や保護者会を通じて，周知徹底を図ることが大切である(→P.68)。
● 家庭・地域との連携
　子どもを確実に保護者に引き渡す(帰宅，または引き取り)ためのネットワークづくりを，地区別の保護者代表と進め，対応できない家庭についても保護者代表との間でやりとりを確認しておく。

◗ 子どもたちが在校している間に災害が起きた
● 保護者への引き渡し(帰宅または引き取り)
　災害の状況や家庭事情等で子どもへの対応が異なる。学年初めに確認しておいた個別対応の仕方や，保護者からの連絡状況に応じ行動する。
● 情報収集と提供
　災害規模や危険度などの情報収集に努め，流言や誤報にまどわされない。保護者からの問い合わせに的確に対応するために情報の一元化を図り，窓口を1つにして対応する。
● 区域外通学者への配慮
　交通事情に留意しながら，帰宅確認ができるよう保護者との連絡調整に努める。

災害時の緊急対応

在校時
- 保護者への引き渡し
- 情報収集

放課後・休日
- 子どもの安否確認
- 連絡事項の伝達
- 所在の確認

放課後・休日に災害が起きた

　学年初めに打ち合わせておいた緊急連絡先をもとに，子どもの安否確認を徹底する。また，電話等で連絡が取れない場合は，地区別保護者代表，もしくは近所に連絡するなどの方法で安否を確認する。そのうえで，通常の授業がいつから行われるのかなど，連絡事項を伝える。

被災後の生活について打ち合わせる

　大震災後，家屋の倒壊，火災などで多数の住民が学校に避難してくることが想定される。その場合，学校生活はどのような影響を受け，学校側はどのような対応をするのかを，保護者に周知する。

　また，被災状況によっては住居が変わったり，転校したりすることも考えられる。特に被災の度合いが大きい家庭の保護者とは，学校生活を送るためにどのような援助が必要か，緊密に連絡を取り合う。

第7章
特別支援教育にかかわる保護者対応

1　専門医の受診をすすめたい
2　保護者が子どもの障害を受け入れていない
3　保護者に「軽度発達障害がある」と言われた
4　保護者から診断の相談を受けた
5　ほかの保護者から苦情が出た

1 専門医の受診をすすめたい

日常の学校生活を観察していくなかで，発達障害が疑われる場合がある。事実を十分に調査し把握したうえで，子どものよりよい成長を促すために，保護者に専門医の診断をすすめる。

◗ 保護者にすすめる前に，事実を適確に把握する
● 即断は禁物

　診断をすすめることは，保護者に対して「あなたのお子さんは障害があるかもしれません」とダイレクトに伝える行為である。発達障害と疑われる行動は，環境などほかの要因でも起こるので，担任の気づきの段階で「発達障害が疑われる」「受診したほうがよい」と即断するのは禁物である。

● 事前に十分な情報収集をする

　事前に，クラブ活動や教科での学習の様子を観察するとともに，特別支援教育コーディネーター，養護教諭，教育相談担当，スクールカウンセラー（以下，SC）などの意見を聞く。そのうえで，校内委員会での協議を経て保護者に伝える。「○○のときに××のような様子（パニック）になることがありますか？」など，家庭での様子について聞いておく。

◗ 保護者へのすすめ方
● いつ，だれが，どのように働きかけるのか

　保護者の心境を勘案し，だれが診断をすすめるかを慎重に判断する。保護者によっては信頼関係がとぎれる可能性もある。その場合は担任以外が伝える。また，受診すればどのようなメリットがあるかなどプラス面での情報を提供し，保護者を傷つけたり不安にさせたりしないよう配慮する。

● 医師の診断を求める理由を明確に示す

　「○○という理由で受診をおすすめします」と受診をすすめる理由を明

確にする。医師の診断が出ても「医学的な治療法」は現在ではまだ十分解明されていないこと，またグレーゾーンの場合は，専門家にかかっても「診療されたが診断が出ない」ことも多いことを教師が踏まえておく。

● どこを紹介するのか事前に調べておく

発達障害の専門家はまだ多くはなく，予約待ちだったり，診療費が高額だったりするので，インターネット等で，事前に実態を調べておく。

● 診断後の対応について説明する

軽度発達障害の診断がおりれば，「通級による指導の対象」となるが，あくまでも在籍は「通常の学級」が原則である。診断に合わせて，学校での指導法や支援のあり方を明確にし，保護者の了解を得る。

専門医の診断をすすめるうえでの留意点

担任・SC・養護教諭等が連携を図り「学校は保護者の方を全面的に支援します」と，保護者の不安感に対応し，継続的な支援を行う必要がある。

2 保護者が子どもの障害を受け入れていない

わが子に障害があることを知ったとき,保護者は「なぜ,うちの子が」という悲しみや怒りをもつ。不安を感じている保護者の気持ちに共感・受容し,その後の支援につなげる。

受け入れられないという気持ちを否定しない

保護者が,「子どもの障害を受け入れられない」ということがある。頭では理解していても,なかなか受け入れられないからである。担任はこの心に寄り添い,保護者が感情に折り合いをつけられるよう支援していく。ていねいな支援は,子育てに自信をなくしている保護者の意欲を回復させるとともに子どもに安心感を与える。適切な家族支援が,子どもの二次障害を最低限度に食い止める。

まず受容し,家族の支援が必要であることを伝える

- 保護者の気持ちを理解し,尊重する

保護者の話にじっくり耳を傾ける。「もっと前向きに考えましょう」などの助言はいらない。保護者の気持ちをわかろうとする。いままでの努力を認め,苦労をねぎらい,不安を受けとめることが信頼関係を築く。

- 子どものよい面を伝える

障害を意識しすぎるあまり,健康に育っている部分を見落としてしまうことがある。子どものよい面,プラスの変化を見つけ,伝えていくことが,保護者の子ども理解を深めることにつながり,子どもの健やかな成長につながる。保護者と共に子どものよさを引き出し,可能性を感じたい。

- 子どもにとって保護者も支援者であることを伝える

連絡帳などを使って日常の様子を家庭と学校で情報交換し合い,共通理解ができるよう工夫する。担任が実際に工夫して試みたこと,うまくいっ

保護者の願いを聞き取り，協力し合える関係をつくる

たこと・いかなかったことについて保護者の意見を求めてみる。保護者の目線を大切にし，保護者と共に改善・解決の道を探っていこうとする姿勢が大切である。

対応にあたっての留意点

①軽度発達障害は，見きわめが困難で，専門機関によって診断が異なることもある。また，親子・家族関係が悪化している状況も考えられる（父親の理解が不足している場合が多い）。保護者が子どもと向き合うエネルギーをもてるように支援する。

②担任一人での対応には限界がある。オーバーワークにならないように，校内委員会で役割を分担して支援にあたる。

③ペアレントトレーニング，同じ障害のある保護者同士の情報交換の場も有効な支援になる。これらの集まりの情報を教育委員会や医師会などの関係機関などを使って日常から集めておき，保護者に情報提供する。

③ 保護者に「軽度発達障害がある」と言われた

「わが子は発達障害がある」と表明できる保護者は，障害に対して正面から向き合っている保護者である。学校にどんな支援を期待しているかを聞き取り，協力する体制をつくる。

◉ 診断内容をよく聞き取る

● 保護者の話をきちんと聞く場を設定する

「お話しいただきありがとうございます。それでは，支援の方法などをご相談させていただきたいと思います。いつごろでしたらご都合がよろしいでしょうか」と，できるだけ早く，話を聞く場を設定する。

● 診断の内容を聞き取る

正式な診断名，診断した医療機関，診断された年月日等を聞き取る。

まれに，正式な専門機関ではないところで言われたことを，保護者が正式な診断と思い込んでいる場合もあるのでよく聞き取る。

● 必要な配慮や支援の内容を聞き取る

専門家から言われた必要な配慮や支援の内容を聞き取る。また，診断名等を当該の子どもが知っているか，等も聞き取る。

● 要望された配慮や支援の内容が多いときは，いったん話を引き取る

学校で行う支援の内容を即答してしまうと，その後，齟齬が生じることがある。「学校でどの程度できるか，検討します」と言って，いったん話し合いを閉じてから，校内で検討することが適切な対応である。

◉ 学校でできることについて，率直に話し合う

● 学校ができる対応について，校内で検討・確認をしておく

保護者から聞き取った内容をもとに，校内委員会等で保護者の要望事項を検討し，可能な部分，実現がむずかしい部分を検討・確認・整理する。

> 支援の具体的な内容の例

LDの場合
- 読み書き困難なLDには，担任が読み上げて説明するようにする。
- 計算が困難なLDには，必要に応じて電卓の使用を許可する。

ADHDの場合
- 黒板に注意が集中できるように，教室の前部の掲示物は必要最低限にとどめる。
- 持ち物で手遊びをしないように，必要なもののみ机上に用意するように指示する。

高機能自閉症，アスペルガー症候群等
- 時間割は絵カードで黒板に明示する。

● 支援の内容を整理し，保護者とともに個別の指導計画を作成する

あらためて保護者と相談の機会をもつ。支援内容について話し合い，段階的に実施できるように，個別の指導計画を作成する。また，要望にこたえられない部分については，「介助者をつけるということは，本校ではむずかしいのですが，必要に応じて専科の教師が支援するという形ではいかがでしょうか」などと，必ず了解を得て協働の姿勢を示す。専門性の高い支援や指導内容は，通級による指導で行う。

PDCAのサイクルで支援のあり方の評価と改善をする

学期ごとに，支援が当該の子どもにとって有効だったか，校内委員会で評価し，保護者との合意のうえで，支援内容を充実・改善させていく。改善にあたっては，主治医やスクールカウンセラーなど，専門家からの評価を得ることも重要である。抜き出し指導などは，当該の子ども自身が希望しない場合もあるので慎重に実施する。　　※PDCA…Plan-Do-Check-Action

4 保護者から診断の相談を受けた

「育てにくさ」「つまずき」を感じ，発達障害ではないかという疑いをもっている保護者の心情を共感的に受けとめ，共に子どもを支援するという姿勢で臨む。

子どもの実態を保護者と共有する

●依頼があったら，直接会って話をする

　ただ医療機関名を告げておしまいにはできない。保護者の話を聴き，思いを受けとめる。電話での相談は，誤解が生じやすいので，「直接お会いして詳しくうかがいたいので，都合のよい日をお聞かせください」など，時間や場所を設定し，直接会って話し合うようにする。

●詳しい相談を受ける前に子どもの様子を把握する

　保護者との話し合いの前に，子どもの実態把握を校内委員会などで行う。子どもの能力や特性を理解し，子どもの抱えている問題を知る。子どもの気持ちを聴きながら，子どもの状況に即した指導や対応の仕方を工夫する。

●保護者との話し合いで，家庭の様子と照らし合わせる

　担任は，保護者の役割や経験，親としての誇りを尊重する。保護者は家庭教育の責任者，教師は学校教育の専門家として，子どもの抱えている問題について話し合う（作戦会議）。場合によっては，保護者の同意を得て，管理職や学年主任，養護教諭などに同席してもらう。

　学校生活のよい面・悪い面を具体的に話す。「身の回りの整理ができなくて困ります」ではなく，「身の回りの整理ができません」と事実に即して伝えながら「学校ではこうですが，家ではどうですか」と，保護者と学校が協働して子どものよりよい支援を考える姿勢を大切にしたい。

●専門医の受診をすすめる

　最終的な判断は，専門家でないと不可能である。受診のメリットを「お

つなげる相談機関の例

子どもの状況
- 脳波異常がある
- 多動などの行動上の問題が大きい

↓

相談機関
- 児童精神科や小児精神科のある医療機関
- 教育相談室の嘱託医
- 児童相談所の医師

子どもの状況
- 家族関係や非行など学校外の問題が大きい

↓

相談機関
- 児童相談所
- 青少年センター

医者さんの診断を受けることも大切です。得意なところや苦手なところ，効果的な学習の方法がわかり学習しやすくなります」と具体的に伝える。

対応にあたっての留意点

①保護者の不安を受けとめ，言葉を選び，保護者に受け入れてもらえるように十分な説明をする。紹介するときの前段階の準備は慎重にていねいに行う。受診の際，同行できると，保護者も安心できる。

②校内委員会を中心に，活用可能な専門機関のリストを作っておく。その際，留意したいことは，「どこにつなげるかではなく，だれにつなげるか」ということである。どのような相談に対応してくれるのか，必要によって，直接，教師が担当者と子どもの支援について話し合えるのか，情報収集してあるとよい。

③保護者の了解を得て，受診の前に，子どもの情報を関係機関に伝えておくと，保護者も安心して受診できる。

5 ほかの保護者から苦情が出た

「あの子がいると授業の進度が遅れてしまうのではないか」などと，ほかの保護者から不満が出るときがある。担任は，人権尊重の精神で，毅然とした態度で対応する必要がある。

◗ 不満を受けとめ，人権尊重の精神で接する

● まずは，訴えを批判せず聞き，保護者の要望を聞き取る

　このような訴えは誤解や理解不足に起因していることがあるので，つい反論したくなるものだが，まずは批判せず「ご心配な点を伝えていただきありがとうございます」と謝意を示す。そのうえで，「どのようにしていったらよいかということについて，具体的なお考えをお聞かせいただけますか」と，保護者の要望をていねいに聞き取る。

● 法的な位置づけと，教師の考えを示す

　「軽度発達障害の子どもは，法令上も，小・中学校の通常の学級に在籍し，共に学ぶように定められています。障害があるからといって，別のクラスにはできないので，ご理解とご協力をお願いしたいと思います」と，法的な位置づけを示す。そのうえで「このお子さんは，今月から通級による指導を受けており，その専門的な指導により落ち着きのなさも徐々に改善されてまいります」など，教師の考えと改善策を示す。

● トラブルの起きた後の訴えは詳しく聞き取り，ていねいに対応する

　具体的なトラブルが生じたうえでの訴えは，ていねいに聞き取り，事実関係を調査し，報告する。内容によっては，障害の有無にかかわらず，厳重に指導しなければならない。

◗ トラブルを未然に防ぐために正しい理解を広める

　安易な苦情は理解不足に起因することが多い。理解促進のために，

人権尊重の精神で，毅然とした対応をする

（吹き出し）
- 幼稚園のときからずっと同じ組で，いつも迷惑です
- Aちゃんと同じ班になったら，遠足には行かないって，うちの子泣いてます
- 軽度発達障害の子どもも，通常の学級に在籍することになっています
- Aさんと何かトラブルがあるということなら，それを解決しましょう

PTAの講演会などで特別支援教育や軽度発達障害の理解にかかわる内容を行ったりしておくとよい。軽度発達障害の子どもは，コミュニケーションが苦手で，望ましい人間関係の構築がむずかしい場合がある。トラブルが生じたら，小さくても担任が対応し解決する。また，次のトラブルに発展しないよう，座席を決めるとき，接触を少なくするなどの配慮をする。

教師が手本を示し，長所活用の学級経営をする

学級の中での接し方は，教師がモデルを示しているといわれる。障害のある子どもに対して，「負担だ」「手がかかる」と思って接していれば，ほかの子どももそのような接し方となる。いっぽう，過度に手厚くすれば，「ひいき」と見える。子どもや保護者に納得のいく説明が必要である。

軽度発達障害の子どもはみな豊かな個性と才能をもっている。ともすれば困難さに目が向きがちだが，学級経営では，それぞれの長所を生かした役割を与えて，長所を認め合う基盤をつくっていくことが大切である。

用語解説 特別支援教育

●特別支援教育
　特別支援教育とは，これまでの特殊教育の対象の障害だけでなく，その対象でなかったLD，ADHD，高機能自閉症も含めて障害のある児童生徒に対してその一人一人の教育的ニーズを把握し，当該児童生徒の持てる力を高め，生活や学習上の困難を改善又は克服するために，適切な教育や指導を通じて必要な支援を行うものである（文部科学省「今後の特別支援教育の在り方について（最終報告）」平成15年3月）。

●軽度発達障害
　ADHD，LD，アスペルガー症候群，高機能自閉症など，知的障害をともなわない発達障害をいう。

●LD（学習障害）
　全般的な知的発達に遅れはないが，聞く，話す，読む，書く，計算する，推論するなど，特定の能力の習得と使用に著しい困難を示す障害をいう。

●ADHD（注意欠陥多動性障害）
　忘れっぽい，考えず行動する，落ち着きがないなど，注意力・衝動性・多動性を自分でコントロールできない障害をいう。

●高機能自閉症
　自閉症（社会的関係の形成の困難，言葉の発達の遅れ，特定のものにこだわる特徴がある障害）のうち，知的発達の遅れを伴わないものをいう。

●アスペルガー障害
　自閉症同様，人間関係などに関する障害があるが，言語の発達に遅れのないものをいう。高機能自閉症と同一視されることがある。

第8章

外部機関との連携・リソースの活用

1 教育委員会
2 スクールカウンセラー
3 サポートセンター・民間サポート校
4 地域社会
5 同窓会，父母の会など

1 教育委員会

> 教育委員会の役割には，各学校の教育活動を円滑に推進するための指導・助言がある。学校がこの機能を十分活用するためには，報告・連絡・相談を欠かさないことである。

◗ パートナーとしての教育委員会
●多角的な情報収集

　保護者からの要望や苦情は，多岐にわたる。学校のみでは対応できないことも多い。要望や苦情の解決には，多角的な視野が必要であり，法令や類似の事例等，学校が課題解決するためのヒントを得るための専門的な機関が教育委員会である。

●行政対応の利点

　通学区域の弾力化や冷房機器の設置など，学校のみで保護者の質問に回答するのは適切でないことがある。回答の論拠を明確にするには，正確な情報を得ることが第一であり，その専門性から行政の支援が重要である。

◗ 学校と教育委員会の日ごろの関係
●報告・連絡・相談の仕方

　判断すべき事柄が生じたときは，まず校内での情報を取りまとめ，主任・主幹から管理職へ報告し，管理職から連絡を取るのが基本である。

●早めの相談が対応の鍵となる

　保護者や地域の方の苦情や要望は，学校を飛び越えて教育委員会に直接入ることがある。そこで，学校が知りえた苦情等は，早めに管理職が教育委員会に伝えることができるよう，学年や分掌内で処理することなく，必ず管理職まで報告する仕組みを整える必要がある。

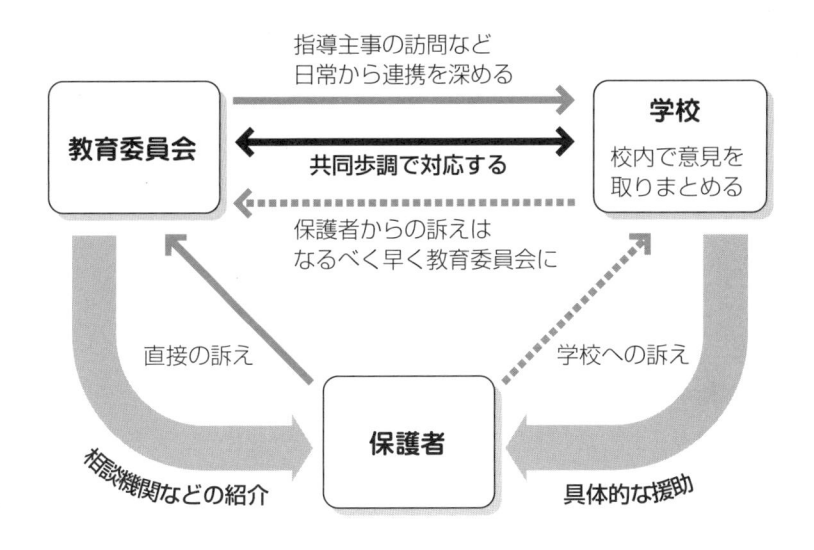

```
         指導主事の訪問など
         日常から連携を深める
  ┌──────────┐ ──────────→ ┌──────────┐
  │          │              │   学校   │
  │ 教育委員会│ ←――共同歩調で対応する――→ │校内で意見を│
  │          │              │取りまとめる│
  └──────────┘ ←‑‑‑‑‑‑‑‑‑‑ └──────────┘
              保護者からの訴えは
              なるべく早く教育委員会に

      直接の訴え           学校への訴え
         ↖              ┌──────┐              ↗
                        │保護者│
                        └──────┘
      相談機関などの紹介           具体的な援助
```

保護者対応に関する教育委員会との連携の留意点

● **複雑な苦情や行政に関する要望は学校のみで解決しようとしない**

　学校が責任を持って解決せねばならないことは多いが，内容が複雑であったり，行政判断が必要と感じた時は，早めに教育委員会に委ね，その方策を協議するとよい。また，指導主事の定期的な学校訪問を活用し，対応の進捗状況を伝えられるよう校内の情報整理も迅速に行う必要がある。

● **学校と教育委員会は同一歩調で対応する**

　学校と教育委員会の対応が異なっていては，問題の解決には至らない。保護者にとっても判断を迷う原因となったり，主訴からはずれやすくなったりとややこしくなるばかりである。どのような時でも，対応については，十分相談し，具体的な方策を練ることが大切である。

● **解決にはゆとりも大切である**

　人が人に相談や苦情を訴えるのは，理屈だけでは割り切れないところがある。学校・教師は，感情や情状を受けとめるゆとりが必要である。

2 スクールカウンセラー

スクールカウンセラーは，子どもと保護者の心のオアシスである。また，教師にとっては，子ども理解を深めるための支援者であり協働者でもある。

なぜ，スクールカウンセラーが必要か

● **人間は多面的である**

学校にいるとき，家庭にいるとき，地域で遊ぶとき……子どもにはさまざまな「顔」がある。どの「顔」もその子ども自身であり，それを認めることが子ども理解の第一歩であり，適切な支援の源である。

● **子どもや保護者が安心して語れる場所が必要である**

学校は，すべてを評価する場所と思い込んでいる子どもや保護者がいる。心身の悩みを抱える子どもや保護者の秘密を守り，心情をときほぐす役割を担う人がスクールカウンセラーである。

学校教育相談の組織的な推進

● **悩みの相談場所としてスクールカウンセラーの存在をPRする**

スクールカウンセラーは，子どもや保護者の相談を引き受けるところだということを学校だより等を活用して周知し，相談の方法（直接電話する，学校に用意された相談票に記入する等）を知らせる。

● **子ども理解と援助の方策を打ち合わせる**

子ども理解の校内研修の場などには，スクールカウンセラーも同席してもらい，子どもの見方や援助の方策について共通理解を図って進めるとよい。ただし，その場での情報は秘密あつかいとする。しかし，子どもの状況に生命にかかわる等重大な状況が生じたときには，管理職の指示のもと，学校としての対応（子どもや保護者への指導・助言）を図る。

第8章　外部機関との連携・リソースの活用

学校とは違う場所
安心して語れる所に

守秘義務がある

相談室
在室

スクールカウンセラー

出入りが人目につかない場所に

保護者　子ども

学校

学校だより　ホームページ
保護者にスクールカウンセラーをPRする

相談や重大な場合の対応について打ち合わせておく

🅂 スクールカウンセラー活用の留意点

● **スクールカウンセラーの役割を理解する**
　スクールカウンセラーは，子どもや保護者の相談ばかりでなく，教師にとっても子どもや保護者理解を進めるための援助者である。

● **子どもや保護者が活用しやすい相談室を設定する**
　専用電話の設置，入室が目にとまりにくい相談室配置，室内のやわらかな雰囲気づくりなど，学習の場としての学校とは一線を画した環境づくりに努力する。また，相談室への教師の出入りは避ける。

● **定期的な打ち合わせを実施する**
　スクールカウンセラーには守秘義務があるが，子どもの状況を教師が知ることは大切なので，カウンセラーの判断で，生徒指導部や学年会で相談の状況を共通理解し，教師側の援助の方策を打ち合わせる。その際，スクールカウンセラーからの情報が子どもや保護者にもれないよう留意する。

３ サポートセンター・民間サポート校

子どもや保護者の価値観は多様化し，学校の対応では不十分な場合が生じることがある。そこで，適応指導教室やサポートセンター等を活用し，相互補完を実現させたい。

◗ サポートセンター等の活用のあり方
● 学校以外の関連機関の把握

　学校不適応等の子どもやその悩みを抱える保護者に対応するためには，学校外の援助機関の存在とその内容を調べておく必要がある。例えば，教育委員会が設置する適応指導教室や教育サポート事業，民間が経営するサポート校等，その実態を適切に把握する必要がある。

● 学校内の窓口の一本化

　学校外機関との連携では，子どもの情報や学校としての方針などを明確にしておく必要がある。連携の必要性が生じた場合は，各担任がばらばらに行うのではなく，生徒指導主任等が学校の窓口として対応し，学校としての情報をまとめて連携先に伝えるとよい。

◗ 学校外機関との連携の基本
● 子どもの成長に「いま，必要なこと（または場所）は？」の原則

　多数の子どもが通学する学校だから登校するのがあたりまえという考え方ではなく，一人一人の子どもが抱えている発達の課題とそれを解決するためにいま必要な手だては何かという視点で考えることが大切である。

● 学校の方針を明確にした連携

　在籍校としての方針を子どもや保護者と十分に相談しながら立案し，具体的な相談は，連携先の担当者と，学校の窓口となる生徒指導主任と担任とで十分に打ち合わせる。定期的な報告書等の交換も必要である。

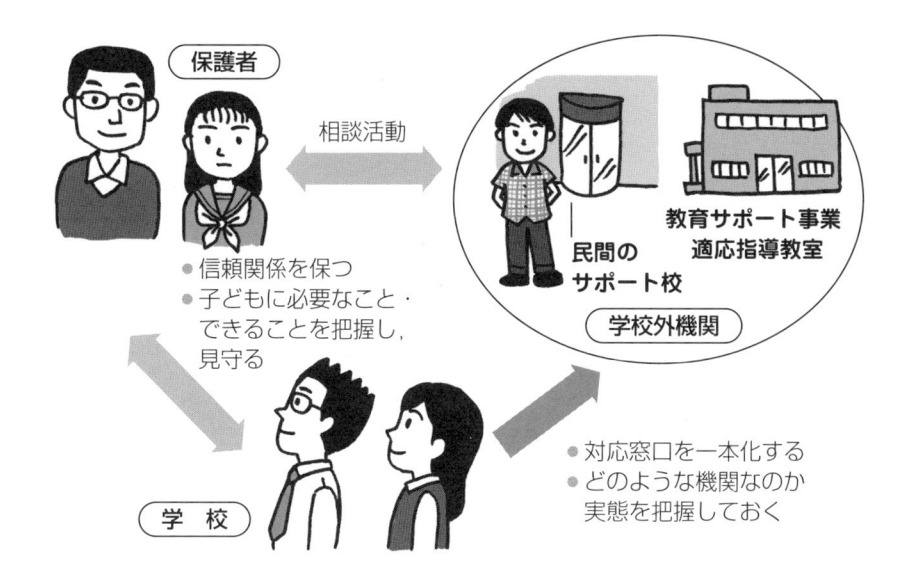

学校外機関の活用の留意点
- **子どもや保護者との信頼関係を保ちつつ連携する**

　学校外機関への登校が学校不信とならないようにするために，担任が連携先を訪問したり，スクールカウンセラーと保護者の相談を定期的に実施したりするとよい。また，学校と連携先との打ち合わせも定期的に実施できるよう配慮する。

- **学校外機関ができることとできないことを保護者と共に把握する**

　連携先が子どもの成長のすべてをかなえてくれるとは限らない。まず何が子どもに必要なのか，あるいはできるのか（例えば，心の安定のための時間が必要等）を保護者と共に把握し，見守ることから始めたい。子どもが連携先での生活に慣れてきたら，次のめあてを見つけさせ，じっくりと自分の課題と向き合う時間を確保することが大切である。そのためにも，保護者と連携先との連絡は定期的に取る必要がある。

4 地域社会

学校は，地域で生活する人々に支えられている。子どもは，学校・家庭・地域の中を闊達に動いている。地域の教育力や人材と連携することで，学校の力をさらに高めたい。

地域社会における学校の存在

●地域が誇れる学校をつくる

学校があるだけで地域が応援してくれる時代は去った。地域の人々が，学校が子どもの教育をどうしているかを問う姿勢をもっていることを受けとめ，学校を信頼して教育をゆだねられる風土を醸成する必要がある。

●人材情報を収集する

自治会長，青少年健全育成関連委員，各町内会長，民生委員・児童委員など学校を取り巻く地域の組織や人材の情報を収集し，保護者も地域を形成する一員として活躍していることを把握しておく必要がある。

学校の情報公開と地域の子育て参画

●正確な情報を迅速に伝える

学校が地域から疎まれるのは，学校に不都合があった場合だけではない。学校の情報が正確に伝わらず，確信のない風評のみが一人歩きするからである。事実を正確かつ迅速に伝えるために，町内会や健全育成の会議に校長が出席し，学校あいさつで情報を伝えたり，お知らせ文書を配布したりするとよい。

●保護者を地域の力で包容する

子育て経験の少ない保護者も多く，子育て不安が募ることもある。学校が行う地域懇談会等に保護者だけでなく民生委員・児童委員，青少年育成委員，町内会長等の参加を呼びかけ，支援をお願いするとよい。

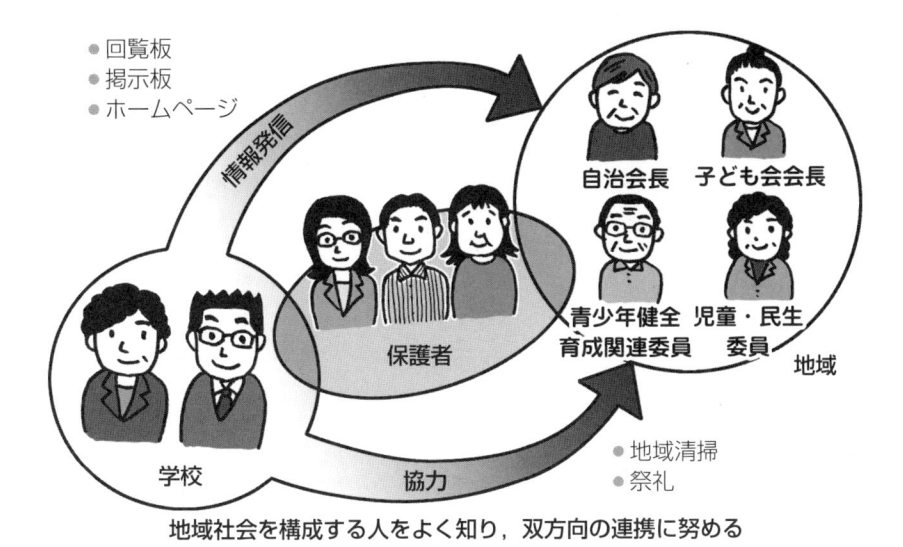

第8章 外部機関との連携・リソースの活用

- 回覧板
- 掲示板
- ホームページ

情報発信

学校　保護者　協力

自治会長　子ども会会長
青少年健全育成関連委員　児童・民生委員
地域

- 地域清掃
- 祭礼

地域社会を構成する人をよく知り，双方向の連携に努める

地域社会との連携の留意点

●情報発信の仕方を工夫する
　情報を発信していると思っていても浸透していないことが多い。情報発信は地域の組織を活用する。例えば，学校行事のお知らせを，掲示板や回覧板に載せたり，町内会の会合や健全育成の会合などでも配布したりする。

●「来てよかった」と思う配慮ある対応を工夫する
　学校は保護者だけでなく，だれもが参観できることをPRする。保護者と地域の人々が一緒に子どもの活動を参観することで，シニア世代の学校ボランティア希望や保護者の子育てネットワークが広がるように配慮する。

●「ギブ・アンド・テイク」の原則
　学校は，とかく地域の力を学校に引き入れることのみ考えがちである。しかし，学校にある施設や人材（教師の社会貢献として）を地域のために提供（地域の祭礼，清掃活動への参加等）することも必要である。連携は，双方向の通信であり，双方にプラスになるよう留意する。

5 同窓会，父母の会など

同窓の仲間意識や，「子どもが同窓」という仲間意識は，相互扶助の絆の強さがあり，保護者が相談しやすい相手でもある。学校という場を核とした大人のつながりを生かす。

◗ 校風をつくる潜在カリキュラム
● 同窓会の人材活用で校風の醸成を図る

　地元を遠く離れて生活していても，母校の名前を聞くのはうれしいものである。また，同窓の意識が，保護者の悩みや相談を同じ目線で受けとめてくれるという安心感にもつながる。同窓会の幹事等と学校の連携は，受け継がれていくべき校風や伝統を陰で支える基盤となるため，同窓会の人材情報を整理し，普段の交流を心がけたい。

● 学校の活動をサポートする組織を生かす

　例えば，「学校サポート隊」などと称して学校行事等の活動へのサポートメンバーを保護者に限定せず，同窓会会員や地域の方などから募って組織をつくる。それによって保護者同士の集まりから枠を広げた組織とし，さまざまな年代層の知恵を集めたい。そうすることで，サポート活動はもとより，子育て活動などの相互扶助にもつながるようにできる。

◗ 学校への求心力を高める
● 連帯や協働の意識を大切にする

　学校には，求心力が必要である。「学校サポート隊」等が学校の活動に対し，同じ目的に向かって協働することで連帯感が生まれ，子育てや相互扶助のパートナーとしての意識が喚起されるようにすることが大切である。

● 学校をサポートする活動の中で子育てをサポートする

　ちょっとした子育ての悩みをもつ保護者は多い。スクールカウンセラー

```
                    ┌─────────────────┐
                    │  同窓会・       │
                    │  父母の会       │
                    └─────────────────┘
```

学校サポート活動
- 「学校サポート隊」を結成し，学校行事などの活動のサポート
- 子育ての相互扶助

交流
- 手芸や趣味の教室
- 保護者同士の交流

後輩への援助
- 進路などの情報提供や体験談
- 総合的な学習の時間の外部講師

等の活用という場面だけでなく，「学校サポート隊」の活動を通して気軽に相談できる仲間がいることを伝えたい。

同窓会等との連携の留意点

● **サポート内容の確認を適切に行う**

　保護者の先輩や同窓の先輩の言葉は，信頼感が高いが，ときとすると押しつけになりやすい。また，人間関係に左右され，悩みの解決のための相談が，新たな悩みの種になることも予想できる。相談をかける際には，そのことを保護者にあらかじめ伝えておくことも大切である。

● **情報の取り扱いに留意する**

　学校のサポート活動等を依頼するときには，個人情報等の保護について格段の留意が必要である。学校側は，守るべきルールを決め，サポート活動に際してあらかじめ示しておく。こうすることで，活動に参加する人の情報管理意識が高まり，安易なうわさ話などを防ぐことができる。

あとがき

　本書『信頼でつながる保護者対応』を手にすると、改めてその大切さと難しさを感じると思う。いまや、教師は授業さえうまくやっていればよし、という時代ではない。

　子どもの自己成長を援助する営みとして、保護者との協力は必要不可欠で、保護者のエネルギーを積極的に生かすことが求められる。ときには、そのエネルギーが教師の思いとは逆に作用する。教育の専門家としてこれらに正面から向き合い、ねばり強く心を込めてかかわることが大切である。

　本書の編集にかかわって「保護者を敵にしてはならない」と強く思う。わかり合い、互いに子どものよりよい成長を探し求め、保護者と共通の課題認識をもつことである。「問題に一緒に取り組みましょう」というメッセージを保護者に伝えよう。教師の熱意が一方通行になり、保護者の危機意識とずれていては意味がない。立場やかかわり方が異なっても、事態の真意を見つめ、よりよく対処する接点を見つけるようにする。

　復習的に言えば、その基本は問題の事実関係を明確にすることである。例えば、一緒に話し合いながら課題を書き出す、疑問点を質問し合うなどの作業が不可欠である。そして、互いの役割を理解し合いながら、可能なことを分担し合い、行動してみる。さらに、その後の状況を具体的に連絡し合う。この繰り返しが互いの課題性を深め、新しい関係や子育ての価値を創り出す。積み重ねのある対応は、保護者との絆を確かなものにする。

　この具体的なありようを本書で学ぶことができる。各項目のポイントはイラストや図で示し、必要な事項が気軽にひもとけるよう編集されている。

　本書が、読者皆様の日々の教育活動の指南役になることを願っている。

2006年9月

編者　有村久春

分担執筆

2006年9月現在

熱田　和彦	渋谷区立代々木小学校校長	P.88〜95
有村　久春	昭和女子大学教授	P.108〜123
飯塚　峻	前・東海大学教授	P.10〜19，124〜139
石井　梅雄	文京区立窪町小学校校長	P.48〜51，60〜65
太田　達郎	町田市立小山田中学校校長	P.34〜45
太田　裕子	東京都教育庁指導部主任指導主事	P.162〜163，166〜167，170〜171
岡野由紀枝	渋谷区立上原小学校校長	P.76〜81
銀杏　陽子	世田谷区立経堂小学校校長	P.82〜87
小泉　与吉	武蔵野市立第一小学校校長	P.96〜101
小谷野茂美	立川市立立川第一中学校校長	P.174〜183
塩田　有子	板橋区立高島第一小学校教諭	P.164〜165，168〜169
橋本　定男	新潟市立鏡淵小学校校長	P.58〜59，66〜71
長谷川純一	調布市立調布中学校校長	P.52〜57，72〜73
原田　承彦	町田市立忠生中学校校長	P.140〜147
星野　昌治	千代田区立番町小学校校長	P.22〜33
細野　道夫	足立区立第十二中学校校長	P.150〜159
矢口　英明	文京区立柳町小学校校長	P.102〜105

編 著

飯塚　峻（いいづか・たかし）

　前・東海大学教授。1935年茨城県つくば市生まれ。東京教育大学卒業後，東京都公立中学・高校教諭，東京学芸大学附属世田谷中学校教諭，東京都教育庁指導部指導主事，荒川区教育委員会指導室長，東京都立教育研究所経営研究指導部長，東京都教育庁指導部中学校教育指導課長を歴任。著書に『いのちをいつくしむ学校の人権教育・人権問題』（ぎょうせい），『通信簿の文例&言葉かけ集』『総合的な学習・指導案集』（共に図書文化）ほか多数。

有村久春（ありむら・ひさはる）

　昭和女子大学教授。1948年生。都留文科大学を卒業後，東京都公立学校教諭，東京都教育委員会指導主事，青梅市教育委員会指導室長，東京都公立小学校長を経て現職。東京都府中市教育委員。著書に『保護者との関係に困った教師のために』『教育課題に応える教員研修の実際』（共にぎょうせい），『学級教育相談入門』『キーワードで学ぶ特別活動 生徒指導・教育相談』（共に金子書房）ほか多数。

図でわかる 教職スキルアップシリーズ5
信頼でつながる保護者対応

2006年11月20日　初版第1刷発行［検印省略］

編　者　Ⓒ飯塚峻・有村久春
発行人　工藤展平
発行所　株式会社 図書文化社
　　　　〒112-0012　東京都文京区大塚1-4-5
　　　　Tel 03-3943-2511　Fax 03-3943-2519
　　　　http://www.toshobunka.co.jp/
　　　　振替 00160-7-67697
組版・イラスト・装幀・印刷　株式会社 加藤文明社
製本所　合資会社 村上製本所

Ⓡ本書の全部または一部を無断で複写複製（コピー）することは著作権法上での例外を除き，禁じられています。本書からの複写を希望される場合は，日本複写権センター（03-3401-2382）にご連絡ください。

乱丁・落丁本の場合はお取り替えいたします。
定価はカバーに表示してあります。
ISBN4-8100-6479-4 C3337

保護者との関係づくり

体験型の子育て学習プログラム15

来てよかったと喜ばれる新しい保護者会

亀口 憲治 監修
（東京大学教授・日本家族心理学会常任理事）

群馬県総合教育センター 著

B5判／128頁
本体 **2,000** 円

**保護者会や学級懇談会に大活躍！すぐできる指導案とワークシート
子育ての不安や悩みを語り合い，解決に向けてともに取り組む 15 のワーク**

（ 保護者の悩みは？ ）●●●▶ （ ニーズに応じたワークを実施 ）

- ●保護者会を企画する校長先生，教頭先生，学年主任の先生，ＰＴＡ担当の先生に力強い味方
- ●対話と活動で進める体験型だから，気づきが豊か
- ●幼児から高校生までの発達段階に応じた内容
- ●不登校予防，家庭教育の充実，問題行動の防止に
- ●「子育て支援センター」の講座にも対応

新人先生のバイブルに，ベテラン先生の自己チェックに最適！

教師のコミュニケーション事典

國分康孝・國分久子 監修　　　　　Ａ5判／592頁　本体 **5,400** 円

◇先生の教育活動を500余のテーマで網羅。コミュニケーションの対象別に，「子ども」「保護者」「同僚」「管理職」「地域」「外部機関」で構成。

◇1テーマは1ページ。「問題場面→対応例→考え方→コツ」で展開し，すぐ使える具体策と，広く応用できる考え方が一目でわかる。

図書文化

※定価には別途消費税がかかります

エンカウンター関連図書

エンカウンターで学級が変わる
[小学校編 Part1～Part3]
[中学校編 Part1～Part3]

國分康孝 監修　　　　　　　　　　B5判　本体各2,233～2,500円

構成的グループ・エンカウンター実践マニュアル・エクササイズ集。いじめ・不登校を予防する，学級のあたたかな人間関係をゲーム感覚の集団活動で育む。

エンカウンターで学級が変わる ショートエクササイズ集
[Part1]
[Part2]

國分康孝 監修　　　　B5判　本体 Part1:2,500円　Part2:2,300円

エンカウンターのエクササイズは「長くて時間がとれない」「難しくてできない」という声に応える。小学校から大人までを対象にした，短時間でできる珠玉のエクササイズを収蔵。

エンカウンター こんなときこうする！
[小学校編]
[中学校編]

諸富祥彦ほか 編著　　　　　　　　B5判　本体各2,000円

子どもたちの何を見つめ，どう働きかけるのか，どう変わっていくのか，ジャンル・タイプ別に20あまりの実践を掲載。実態の把握・プログラムづくりから効果のとらえ方まで工夫が満載。

構成的グループエンカウンター事典

國分康孝・國分久子 総編集　　　　A5判　本体6,000円

学校を中心に30年に及ぶ実践の全ノウハウを集大成。日本で構成的グループエンカウンターを打ち立てた國分康孝・國分久子が総編集。
●主要目次
エンカウンターについて知ろう「入門」／エンカウンターをやってみよう「実践」／柔軟に展開しよう／エクササイズカタログ（スペシフィックエクササイズ88．ジェネリックエクササイズ29）／資料編

自分と向き合う！ 究極のエンカウンター

國分康孝・國分久子 編著　　　　　B6判　本体1,800円

本邦初！大人向けワークショップの全貌を明らかにし，エンカウンターの原点に迫る。参加者が徐々に自分の課題と向き合う様を赤裸々に描いた魂のライブ。

図書文化

※定価には別途消費税がかかります

学校現場のための「子どもが変わる生徒指導」。
心に響き，子どもが自ら問題を乗り越えるために―

育てるカウンセリングによる 教室課題対応全書 全11巻

監修 國分康孝・國分久子

Ａ５判／約208頁　本体各1,900円
全11巻セット価格20,900円

3つの特色
「見てすぐできる実践多数」
「必要なところだけ読める」
「ピンチをチャンスに変える」

① **サインを発している学級**　編集　品田笑子・田島聡・齊藤優
　サインをどう読み取り，どう対応するか，早期発見と早期対応。

② **学級クライシス**　編集　河村茂雄・大友秀人・藤村一夫
　学級クライシスは通常とは違う対応を要する。再建のための原理と進め方。

③ **非行・反社会的な問題行動**　編集　藤川章・押切久遠・鹿嶋真弓
　学校や教師に対する反抗，校則指導，性非行等，苦慮する問題への対応。

④ **非社会的な問題行動**　編集　諸富祥彦・中村道子・山崎久美子
　拒食，自殺企図，引きこもり等，自分の価値を確信できない子への対応。

⑤ **いじめ**　編集　米田薫・岸田幸弘・八巻寛治
　いじめを断固阻止し，ピンチをチャンスに変えるための手順・考え方・対策。

⑥ **不登校**　編集　片野智治・明里康弘・植草伸之
　「無理をせずに休ませた方がいい」のか，新しい不登校対応。

⑦ **教室で気になる子**　編集　吉田隆江・森田勇・吉澤克彦
　無気力な子，反抗的な子等，気になる子の早期発見と対応の具体策。

⑧ **学習に苦戦する子**　編集　石隈利紀・朝日朋子・曽山和彦
　勉強に苦戦している子は多い。苦戦要因に働きかけ，援助を進めていく方策。

⑨ **教室で行う特別支援教育**　編集　月森久江・朝日滋也・岸田優代
　ＬＤやＡＤＨＤ，高機能自閉症などの軽度発達障害の子にどう対応するか。

⑩ **保護者との対応**　編集　岡田弘・加勇田修士・佐藤節子
　協力の求め方，苦情への対応等，保護者との教育的な関係づくりの秘訣。

⑪ **困難を乗り越える学校**　編集　佐藤勝男・水上和夫・石黒康夫
　チーム支援が求められる現在，教師集団が困難を乗り越えていく方法。

図書文化

※定価には別途消費税がかかります

授業スキル
～学級集団に応じる授業の構成と展開～

カウンセリング心理学を学習指導に取り入れ，実際の授業に活かすためのバイブル。Q-Uで診断されたクラスの実態にあった具体的なスキルを，教科や単元毎に紹介。

小学校編…河村茂雄・藤村一夫 編集
中学校編…河村茂雄・粕谷貴志 編集　B5判　本体各 2,300円

学級タイプ別　繰り返し学習のアイデア
"授業づくり"と"学級づくり"の一体化

漢字・計算・音読・英単語など，基礎基本の定着を効果的にはかり，学びの深まる学級集団を育てるためのタイプ別アイデア集。

小学校編…河村茂雄・上條晴夫 編集
中学校編…河村茂雄・上條晴夫 編集　B5判　本体各 2,000円

ワークショップ型授業で国語が変わる
＜参加・体験＞で学びを深める授業プラン

これまでどうしても座学が中心で動きが小さかった国語の授業に「参加・体験」の要素を持つアクティブな学習スタイルの「ワークショップ型授業」を導入する。

小学校編…上條晴夫 編著
中学校編…上條晴夫 編著　　　　　　B5判　本体各 2,200円

ワークショップ型授業で社会科が変わる
＜参加・体験＞で学びを深める授業プラン

ロールプレイ，ランキング，シミュレーションなど，設定された活動空間の中で正解のない問を考える。試行錯誤のないところに，「本当のわかる」はない！

小学校編…上條晴夫・江間史明 編著
中学校編…上條晴夫・江間史明 編著　B5判　本体各 2,400円

図書文化

※定価には別途消費税がかかります

図でわかる 教職スキルアップシリーズ 全5巻

初任から10年めの教師に贈る，一生モノのシリーズ

A5判・約180頁　本体各1,800円／本体セット9,000円

教師の間で受け継がれてきた教職のスキルを，学問的背景や幅広い実践経験にもとづいてまとめました。

教職についたその日から，すぐに求められる5つのテーマ

▶ **1 子どもに向きあう授業づくり**　生田孝至 編集
－授業の設計，展開から評価まで－
授業の基本の型を身につけ，自由自在に展開するための授業技術入門。

▶ **2 集団を育てる学級づくり12ヶ月**　河村茂雄 編集
学級づくりの原理と教師の具体的な仕事を，1年間の流れにそって提示。

▶ **3 学びを引き出す学習評価**　北尾倫彦 編集
自らのなかに評価規準をもち，意欲をもって学び続ける子どもを育てる。

▶ **4 社会性と個性を育てる毎日の生徒指導**　犬塚文雄 編集
新しい荒れに迫る，「セーフティ」「カウンセリング」「ガイダンス」「チーム」の視点。

▶ **5 信頼でつながる保護者対応**　飯塚峻・有村久春 編集
かかわりのなかで保護者と信頼関係を築くための具体策。

シリーズの特色
要点をビジュアル化した図やイラスト
どこからでも読める読み切り方式
実用性を追求し，内容を厳選した目次

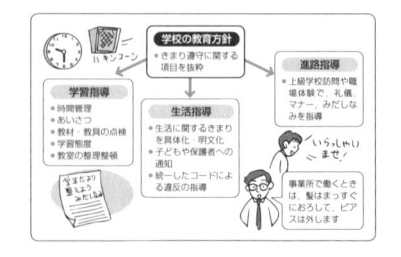

図書文化

060925_04　　※定価には別途消費税がかかります